/ 文脉中国系列丛书 /

南国香都
NANGUO XIANGDU

梁伟江 / 何华沙 等著

企业管理出版社
ENTERPRISE MANAGEMENT PUBLISHING HOUSE

图书在版编目（CIP）数据

南国香都 / 梁伟江等著. － 北京：企业管理出版社，2023.3

ISBN 978-7-5164-2804-7

Ⅰ.①南… Ⅱ.①梁… Ⅲ.①香料工业－产业发展－研究－玉林 Ⅳ.①F426.78

中国国家版本馆CIP数据核字(2023)第008686号

书　　名：	南国香都
书　　号：	ISBN 978-7-5164-2804-7
作　　者：	梁伟江　何华沙
责任编辑：	于湘怡
出版发行：	企业管理出版社
经　　销：	新华书店
地　　址：	北京市海淀区紫竹院南路17号　　邮　编：100048
网　　址：	http://www.emph.cn　　电子信箱：1502219688@qq.com
电　　话：	编辑部(010)68701661　发行部(010)68701816
印　　刷：	北京虎彩文化传播有限公司
版　　次：	2023年3月 第1版
印　　次：	2023年3月 第1次印刷
规　　格：	700毫米 × 1000毫米　　开　本：1/16
印　　张：	12.75 印张
字　　数：	170千字
定　　价：	68.00元

版权所有　翻印必究　·　印装有误　负责调换

编委会

主　　任　梁伟江
副 主 任　曹光哲　　陈　翔　　王岸柳　　蒙绍祥
委　　员　谭明雄　　刘辉华　　刘宇河　　高继军
　　　　　　何华沙　　丁军凤　　刘　毅

文脉中国50人论坛
文脉广西50人论坛

联袂推荐

前　言

广西，一个古老的香料"王国"，在它的东南部，点缀着一颗明珠——玉林。自古以来，玉林就是我国乃至东南亚地区八角、丁香、香叶、辣椒、白胡椒、黑胡椒等香辛料的主要集散地或种植地，素有"无药不过玉林，寻香必至玉州"之说。2014年，玉林荣获"中国南方药都"的美誉。随着中医药产业的迅猛发展，香料作为中医药产业的一个分支异军突起，"中国南方药都"已经不能完全统领玉林香料产业的经济价值与文化内涵，玉林迫切需要面向全国打造独具特色、有强大影响力和竞争力的区域公用品牌，以便更好地引领玉林香料产业的健康发展。

对此状况，玉林市委、市政府高度重视，专门成立玉林市中医药（香料）产业工作组，大力推动香料产业的发展。产业工作组组长梁伟江（广西壮族自治区十一届、十二届政协常委，玉林市政协原主席）多次带队到中国中药协会、中国人民大学"国家高端智库"与有关领导、专家座谈、探讨，在中国中药协会和中国人民大学"国家高端智库"的指导、帮助下，打造了"南国香都"区域公用品牌。

"南国香都"区域公用品牌不仅用于推动香料市场贸易，更被赋予了文化引领、产业融合的重要使命。工作组提出了"扩一产""强二产""优三产"的工作思路，同时大力促进品牌和文旅IP的协同发展，旨在推动香料产业形成一二三产深度融合的产业链。在工作组的推动下，玉林市交通旅游投资集团组织编制了《玉林市"南国香都"公用品牌管理暂行办法》，使品牌使用有章可依；快速推进了首批"南国香都"区域公用品牌使用授权，包括：肉桂八角产业重镇（容县石头镇）、沉香产业重镇（北流市六靖镇）、沉香产业村（北流市石窝镇良冲村）。致力于试点推进香辛料产业工业化发展的农友八桂香八角、农友八桂香肉桂、首佳八角、首佳肉桂、桂小卷、桂玉糖等产品也获得"南国香都"品牌使用授权。在多方共同努力下，"南国香都"品牌建设逐步结出硕果，其中容县石头镇已获批2023年自治区级农业产业强镇（八角）。

　　"南国香都"区域公用品牌的创建，迅速掀起了玉林加快推进香辛料产业高质量发展的新一轮浪潮。人民网、新华网、《经济日报》和《广西日报》等媒体纷纷报道"南国香都"产业发展状况，与"南国香都"建设相关的多篇文章被学习强国、今日头条、当代广西等重要媒体转载。

　　本书由文化引领篇、产业布局篇、IP热文和附录四部分组成，收录的文章系统阐释了"南国香都"的文化内涵、发展思路和建设方案等，旨在为香料产业的发展、区域公用品牌的打造提供有价值的参考。

文化引领篇：广西壮族自治区十一届、十二届政协常委、玉林市政协原主席梁伟江在《"南国香都"——玉林城市文脉的传承与发展》《一起"香"未来——"南国香都"的建设与未来》两篇文章中，介绍了玉林香料产业发展的深厚底蕴、面临形势和发展前景，系统阐述了"南国香都"品牌建设的主要思路；中国人民大学国家高端智库文创中心主任王岸柳博士《"南国香都"——一个超级城市文脉IP的诞生》一文，从新文脉、新IP的视角，为读者展示了"南国香都"超级IP的文化和产业价值以及打造路径；中国著名科技史学家、中国科技史学会少数民族科技史专业委员会原主任、广西民族大学原副校长、资深教授万辅彬以《影响历史进程的香料与举翼腾飞的"南国香都"》一文，带我们深刻理解香料对世界历史进程的独特影响，并展望"南国香都"建设的美好前景；广西壮族自治区党委讲师团特聘教授（专家）、广西壮族自治区决策咨询委员会咨询专家、广西文化旅游智库研究会理事长曹光哲以《从"桂"说到"南国香都"》一文，帮助读者梳理了"南国香都"与"八桂"的深厚历史渊源，展示了"南国香都"的独特文化底蕴和魅力，是了解广西历史、广西香料发展历史难得的好文章；知名文化学者、人民网人民数据研究院原院长周中华一篇《"南国香都"赋》，谱写了玉林人奋力建设"南国香都"、共创美好生活的华美乐章。

产业布局篇：玉林师范学院教授汪磊《三香生万香——主流香料"香"当道地》一文，从专业角度科普玉林独具特色的"三大香"——

肉桂、八角、沉香的加工技术和药用价值；梁伟江《关于推进玉林中药材（香料）产业高质量发展的调研报告》《广西中医药（香料）健康产业发展战略考虑——以玉林市为例》《以"产业共同体"理念推动广西香料产业更高质量发展》《广西中医药（香料）产业升级发展思路——以玉林市为例》四篇文章系统介绍了玉林市中医药（香料）产业发展状况，在业内第一次提出了"香料产业共同体"引领全区高质量发展的理念；理清"南国香都"与"中国南方药都"之间的关系，呈现玉林千亿元中医药（香料）产业发展思路，玉林市商务局党组书记、局长李唐明撰写《"南国香都"建设助力"中国—东盟药都"创建》一文，该文章还阐述了玉林市建设中药材壮瑶药材市场引领核心区，创建"中国—东盟药都"的初步构想；药食同源商品进口通关便利化改革是玉林市香料产业破解进出口发展瓶颈问题的关键一招，本书特邀玉林市市场监督管理局党组书记、局长钟永东以《玉林市药食同源改革赋能推动香料产业升级发展》一文，详细介绍了玉林市推进药食同源商品进口通关便利化改革的基础条件、发展前景、改革成效、存在问题以及发展对策，有助于广大进出口香料商贸企业深度理解政策，把握改革带来的巨大商机；中共容县石头镇委员会书记林瑜《石头镇：实施"1028"工程打造"南国香都"产业重镇》一文，系统介绍了香料产业重镇高质量发展的总体布局，生动描绘了"香村镇兴"的美好蓝图；国家科技专家库专家、玉林师范学院商学院高级经济师何华沙博士多年来专注于研究八角和肉桂产业，其从区域经济、产业经济发展角度撰写的《构建广西八角、肉桂产业发展新格局》一文，或许可以给政府部门和产业投资者提供有益的参考和借鉴；本书还特邀防城港市政协副主席、玉林市林业局原局长林霞撰写了《港玉合作，推进肉桂、八角产业提档升级》一文，比较分析防城港市和玉林市香料产业发展状况，提出加强区域合作的思路。

IP热文：收录了《"南国香都"香飘世界》《玉林寻香记——玉林市香料产业发展纪实》《产业为体、文化为魂，"南国香都"放光彩》《"香"村振兴，振兴"香"亲——"南国香都"助力乡村振兴》《各香其香，香香与共——广西香料从"产品独大"走向"产业做大"》《南国香都：玉林向世界递交的一张名片》等多篇媒体报道热文。

本书附录为中国中药协会课题组编制的《玉林市创建"南国香都"区域公用品牌项目研究》和玉林市交通旅游投资集团发布的《玉林市"南国香都"公用品牌管理暂行办法》，是广大香料企业深度参与"南国香都"品牌建设、促进本企业品牌提升、管理提升的操作指南。

本书的作者在政府公共管理、文化科技和产业经济等领域拥有丰富经验，文中提出的"香料产业共同体""香村振兴""香村镇兴""振兴香亲""各香其香""香香与共""一起香未来"等多个富有诗意又朗朗上口的提法，蕴含着丰富的乡村治理理念、乡村产业发展思路和共同富裕情怀。

我们认为,"南国香都"区域公用品牌是玉林香料产业高质量发展的一把钥匙,"南国香都"也有望以全新的文脉IP成为区域公用品牌建设的一面旗帜,其品牌价值不可估量,我们期待"南国香都"品牌价值早日突破百亿元,引领广西香料产业迈上新台阶。

《南国香都》编委会

玉林市南药产业技术研究院

2022年10月

目　录

文化引领篇

"南国香都"——玉林城市文脉的传承与发展　梁伟江　2

一起"香"未来——"南国香都"的建设与未来　梁伟江　7

"南国香都"——一个超级城市文脉IP的诞生　王岸柳　12

影响历史进程的香料与举翼腾飞的"南国香都"　万辅彬　26

从"桂"说到"南国香都"　曹光哲　32

"南国香都"赋　周中华　39

产业布局篇

三香生万香——主流香料"香"当道地　汪磊　42

关于推进玉林中药材（香料）产业高质量发展的调研报告　梁伟江　61

广西中医药（香料）健康产业发展战略考虑——以玉林市为例　梁伟江　69

"南国香都"建设助力"中国—东盟药都"创建　李唐明　76

玉林市药食同源改革赋能推动香料产业升级发展　钟永东　85

石头镇：实施"1028"工程打造"南国香都"产业重镇　林瑜　97

以"产业共同体"理念推动广西香料产业更高质量发展　梁伟江　103

广西中医药（香料）产业升级发展思路——以玉林市为例　梁伟江　106

构建广西八角、肉桂产业发展新格局　何华沙　110

港玉合作，推进肉桂、八角产业提档升级　林霞　117

IP热文

"南国香都"香飘世界　童政　126

玉林寻香记——玉林市香料产业发展纪实　蒋林林　敬豪量　133

产业为体、文化为魂，"南国香都"放光彩　刘政强　140

"香"村振兴，振兴"香"亲——"南国香都"助力乡村振兴　梁伟江　144

各香其香，香香与共——广西香料从"产品独大"走向"产业做大"　袁琳　147

南国香都：玉林向世界递交的一张名片　甘孝武　杨祖辉　151

附录1：玉林市创建"南国香都"区域公用品牌项目研究　155

附录2：玉林市"南国香都"公用品牌管理暂行办法　172

文化引领篇
WENHUA YINLIN PIAN

"南国香都"
——玉林城市文脉的传承与发展[1]

梁伟江

文运同国运相牵，文脉同国脉相连。党的十九届五中全会提出要"繁荣发展文化事业和文化产业，提高国家文化软实力"。香料是我们生活中的重要物品，中华民族发展进程中形成的"香文化"历史悠久、源远流长。广西被誉为"中国天然植物香料库"，玉林作为"南方药都"，香料产值占据广西"半壁江山"，但长期以来，产业发展水平不高、附加值低、特色不明显，与新发展阶段的高质量发展要求不相适应。在新发展阶段更好地推动香料产业做大、做强，做出特色，成为玉林上下的一个共识。本文结合玉林实际情况，在科学把握新发展格局的基础上，对推动继承和发扬"香文化"，以建设"南国香都"为抓手发展"香料文化+"产业，实现香料产业与文旅深度融合，推动香料产业高质量发展做了一些思考。

一、玉林香料概况

中国是天然香料植物资源最为丰富的国家之一，广西是我国大宗香料的主产区，是我国进出口香料的主要集散地，被誉为"世界香料原料库"。从本质上来说，香料属于中药，玉林作为"南方药都"，中医药文

---

[1] 本文发表于2020年4月5日《当代广西》。

化历史悠久，底蕴深厚，自古以来就有"无药不过玉林，寻香必至玉州"的美誉，道地药材有穿心莲、天冬、金钱草、石斛等1000多种，木本香料树种种植面积超过350万亩，其中八角、肉桂、沉香等名贵香料种植面积80多万亩，素有"世界八角看中国，中国八角看广西，广西八角看玉林"之说。玉林作为全国品种最多、最齐全的香料原材料产地和集散地之一，被誉为全国香料定价和交易中心，丁香、肉蔻、豆肉蔻就在玉林定价。据不完全统计，多年来国内80%、世界2/3以上的香料都在玉林集散，年交易量80万吨左右，进口香料总额接近300亿元。

近年来，玉林坚持立足优势，坚持"药食同源"的文化理念，把香料产业摆在国内国际两个大局中谋划推进，在发展中开放，在开放中升级。2009年以来，已连续11年举办中国（玉林）中医药博览会，国内药商药企齐聚玉林，为玉林中医药产业升级发展献策出力。目前，建成的年产150吨莽草酸项目，推动香料与文化产业有机融合，提取八角有效成分莽草酸的产品纯度达99%以上，年产值达1.3亿元，技术和质量在全国处于领先地位，香料产品深加工研发迈出了坚实步伐。

二、香料与中国传统文化的关系

香料的应用是伴随着人类文明的进步而发展的，"香文化"也是中国传统文化的重要组成部分。

一是"香文化"源远流长。黄帝神农时代就有采集树皮草根驱疫避秽的传说。从现存史料来看，中国用香的历史可以追溯到春秋之前，当时的"燎祭"可被认为是我国最早的用香行为。汉代时，上层社会流行用香料熏衣、佩戴香囊，也出现了调和多种香料的技术，香文化略具雏形。长沙马王堆一号汉墓出土的文物中就有香炉和花椒、茅香、佩兰、桂皮等香料。古人喜欢将植物的花、果实等芳香物用于礼仪，上古时代就把香物用于敬神、祭祀、清净身心等事。后来，香物逐渐用于饮食、装饰和美容，很多传统习俗沿袭至今。

二是"香文化"与中医药文化一脉相承。药食同源、药食同用是中医药文化的精髓，香料与中药"本是同根生"，"香文化"本身就是中医药文化的构成部分。一方面，香料基本都是中药，除了气味芳香，还有药性，在芳香人体与环境的同时，也能起到除病保健的作用，这也是香习俗在我国起源早，并得到广泛喜爱与传承的一个重要原因。香料使人宁静、心情愉悦，其安神、有助睡眠等功效在现代医疗中被广泛应用。另一方面，很多香料都是从中药植物提取而来，不少中药植物的叶、根、茎都是提取香料的原材料，在某种程度上可说中药植物是香料的母本。

三是"香文化"对传统贸易文化的形成发挥了重要作用。海上丝绸之路是古代中国对外交通、贸易和文化交往的海上通道，也被称为"海上香料之路"。经由这条通道，产于我国的丁香、沉香、檀香、樟脑、麝香等源源不断外销，我们的香料也因此实现了墙里开花墙外香。

四是"香文化"是礼仪文化的一个重要表现。古人在会见重要客人、出席重要活动、举行重要祭祀仪式时，都要斋戒、沐浴、熏香，熏香是很重要的礼仪，目的是表达敬重。

三、玉林打造"南国香都"的展望

香料是美食的灵魂，是"舌尖上"的幸福，也是推动文化传承和发展的重要载体。香料行业是国民经济中科技含量高、配套性强、与其他行业关联度高的行业，香料广泛应用于食品、药品、日用品等。如何提升香料产业发展水平，推动香料与文化产业更好融合，丰富香料文化内涵，延伸香料产业价值链，使香料产业价值最大化，是新发展阶段香料产业的发展方向，也是发展的重大课题。就玉林而言，要着力抓机遇，定标扬优势，对标补短板，敢于闯新路，奋力创特色，始终坚持"药食同源"的理念，树立"工业树""产业林"思维，在着力解决高质量发展突出问题上下功夫，深挖"药食同源"文化，继承"香文化"，发扬"香文化"，努力把玉林香料与文化产业深度融合起来，打造产业发展新生态，把"舌尖上的文化"品牌"树起来""推出去"，让"诗"和"远方"走到一起，实现香料与文化产业融合发展的质量变革、效率变革、动力变革。

一是在品牌建设上有新成效。品牌是提高竞争力的根本和关键。要立足玉林香料产业优势，把"南国香都"作为发展品牌，高位推进，坚持问题导向，强化政策扶持，一棒接着一棒干，把"南国香都"品牌建好、建实、建强，不断提升品牌知名度，释放品牌效应，提升品牌价值，做到名不虚传。

二是在产业融合上有新成果。只有融合发展才有出路。要以申报综合保税区为切入点和平台，实现香料的一二三产业深度融合。要着力扩大香料的种植基地，提升香料的种植质量；要做强做大香料深加工和创品牌，提高工业产值；要扩大香料的进出口贸易，构建香料的期货市场。

三是在"香文化"与文旅融合上有新突破。俗话说"酒香不怕巷子深"，但有时候"酒香也怕巷子深"。近年来，玉林充分利用中国—东盟博览会、中国（玉林）中医药博览会、人民网等各类平台、媒介加大了宣传力度，营造了香料产业发展和旅游融合的浓厚氛围。玉林将注重把"南方药都""南国香都"等元素融入城市规划建设，在道路和街道命名、特色小镇建设等方面，充分融入"南国香都"的元素，把"南国香都"建设体现到城市规划建设的各方面、各领域，着力营造"世界香料看中国，中国香料看玉林"的浓厚氛围。充分挖掘相关的历史文化元素，将香料与历史文化深度融合，讲好香料和文化的故事，建强一批旅游景区景点，策划一批文旅线路，研发一批精油、香囊、定情信物等文旅产品，延伸香料产业价值链。

四是在开放发展上有新提升。玉林是全国品种最多、最齐全的香料原材料产地和集散地之一，这一优势决定了玉林发展的潜力在开放，后劲也在开放。"一带一路"倡议为玉林的香料产业发展提供了契机，香料贸易的过程是传播文化的过程,香料制作的过程也是感悟文化的过程。香料作为"一带一路"沿线许多国家和地区风味的"灵魂",推动"药食同源"文化在"一带一路"上更加深入人心,赋能经济社会高质量发展。

梁伟江,广西壮族自治区十一届、十二届政协常委,玉林市政协原主席

一起"香"未来
——"南国香都"的建设与未来[1]

梁伟江

"南国香都"作为一个区域公用品牌,从品牌理念建设,到与产业相结合,再上升至文旅IP的打造,经历了三个阶段的探索。

一、"南国香都"品牌的提出

中药材和香料产业是玉林的传统产业、优势产业,素有"无药不过玉林,寻香必至玉州"的美誉。2014年,玉林获得"中国南方药都"称号,中药材市场发展迅猛,也促进了香料交易市场的发展壮大,并进一步形成全国交易量最大、品种最齐全的香料集散中心。近年来,玉林全市香料产业实现总产值约100亿元,香料年交易额约300亿元,从事香料生产、销售的经营主体800多家,国内80%、世界2/3以上的香料在玉林集散。玉林也是全国大宗香料的重要产区,木本香料树种种植面积350多万亩,其中八角、肉桂、沉香80多万亩,成为支撑玉林香料产业核心板块的"三大香"。

显然,"中国南方药都"已经不能完全统领玉林香料产业的经济价值与文化内涵。为了更好地彰显地域特色,引领产业发展,玉林提出了打造"南国香都"品牌的构想,把中药材和香料作为既紧密联系又相互区分的

---

[1] 本文发表于2022年4月25日当代广西网。

两个支柱产业大力发展。

二、玉林打造"南国香都"品牌的探索与实践

文化是产业的灵魂，品牌是提高竞争力的关键。玉林树立"文化为魂、产业为体"的发展理念，将"南国香都"品牌与香料产业紧密结合，以产业为基础，以文化为引领，推进打造香料产业共同体，充实丰富"南国香都"品牌内涵并提升竞争力，促进实现香料与文化产业融合发展的质量变革、效率变革、动力变革。重点以八角、肉桂、沉香"三大香"为基础，以各镇村为支点，积极"扩一产""强二产""优三产"，加快推进香料产业规模化、工业化、金融化，不断夯实"南国香都"品牌发展根基。

"扩一产"。根据各县、镇的资源特点，对全市香料种植布局进行统筹优化，通过政府主导和"村集体+公司+农户""公司+国有林场+农户"等方式，在北流市六靖镇、石窝镇、民乐镇和容县石头镇，兴业县山心镇等布局建设一批镇村香料特色产业示范点，逐步打造形成"一县一业""一镇一香"发展格局。基于截至2021年年底北流沉香种植面积9万亩、约占广西沉香种植面积80%的优势，积极申报国家地理标志，打造北流沉香特色品牌；基于容县石头镇肉桂、八角资源丰富的优势，明确了打造"南国香都"肉桂、八角产业重镇的发展目标，等等。在种苗培育方面，建成沉香、八角、肉桂3个育苗基地和3个种质资源基因库，已培育3万株土沉香苗、3万株八角苗和1.2万株肉桂苗，为"扩一产"提供充足的苗木保障。

"强二产"。重点针对香料产业的薄弱环节，精准推动引进广西最大的桂油提炼企业广西庚源香料有限责任公司、广东珍熙沉香实业（集团）有限公司等一批龙头企业，同时加快建设广西玉林特色香料产业园、玉林"药食同源"加工园区，积极推进舟聪公司等一批香料企业提能扩产，大力发展香料产品的精深加工。同时搭建"玉香聚"产销平台，积极推动加工企业与大市场、大企业、大电商开展产销合作，通过产销联动进一步壮

大香料加工企业，截至2021年年底，已推动玉林香料协会与宏进农批市场三大协会开展合作，为香料企业提供合作销售网点2万多个。

"优三产"。通过建设专业交易市场、优化进出口服务、加大金融服务等措施，推动香料贸易提档升级。总投资约40亿元、占地570亩的玉林国际香料交易市场已开市营业，并与广西食品药品检验所共建玉林实验室，配套建设香料科研检验检测技术中心。积极优化营商环境，推动开通了玉林至东南亚国家的铁路国际物流通道，实现玉林铁路国际联运货物出口，有力推动中药材（香料）出口贸易。尤其在药食同源工作方面，2021年10月以来，玉林充分利用作为广西药食同源商品进口通关便利化改革试点城市的有利条件，在全区率先制定试点改革方案和配套制度，并实现全区首单药食同源改革商品通关，为广西深化药食同源改革提供了经验。广西全面深化食品用药食同源商品进口通关便利化改革之后，玉林药食同源改革工作更是大踏步前进，成效显著。积极招引海南国际商品交易中心进驻玉林，依托其场外衍生品交易政策，进一步优化玉林农村产权交易中心的交易功能，推动香辛料等产品向玉林的全产业链导入和聚集，逐步形成单一农产品的世界级定价权。

在做强产业的基础上，坚持传承"香文化"、做强"香品牌"、做大"香文章"。2021年10月，充分发挥玉林香料产业优势，成功创建"南国香都"区域公用品牌，并在南宁召开了品牌新闻发布会；2021年11月，在中国（玉林）中医药博览会上举办"南国香都"香料论坛，吸引香产业知名企业、专家学者、行业协会汇聚玉林，品香话香，有效推介"南国香都"品牌，不断提升"南国香都"品牌的知名度和影响力。

三、"南国香都"品牌与文旅IP的结合

为让"南国香都"品牌IP概念真正具有自己的文化特质、品牌内核和独特价值，玉林在把"南国香都"品牌与香料产业深度融合的同时，还要

深入构建完整的品牌产业链，把"南国香都"做成一个可以超链多元商业模式的存在，形成效益递进的良性循环。

主要从以下几个方面进行建设。

一是制定标识标准，凸显"南国香都"品牌价值。在确定建设"南国香都"品牌的思路后，由玉林市政府平台公司——玉林市交通旅游集团及时申请注册"南国香都"品牌商标并纳入政府管理，由市政府授权市交旅集团使用和管理。同时，组织专家团队，融合香料特色和"香文化"元素，设计"南国香都"标识；制定出台《玉林市"南国香都"区域公用品牌管理暂行办法》，推动"南国香都"品牌运用的市场化、规范化。

二是打造系列品牌，充实"南国香都"产业内涵。加快"南国香都"IP项目开发，积极用好"南国香都"知识产权，打造香料系列产品品牌，不断把品牌做大做优。在条件成熟的镇村、企业、合作社等进行布局，推进打造"南国香都"系列品牌。2022年3月，开展了第一次"南国香都"品牌授权使用评审工作，确定了首批品牌建设名单，分别是：容县石头镇——"南国香都—肉桂八角产业重镇"；北流市六靖镇——"南国香都—沉香产业重镇"；北流市石窝镇沙田村——"南国香都—沉香特色产业村"；北流市石窝镇沙田村良冲沉香种植专业合作社——"南国香都—桂之香系列产品"；玉林福达农产品冷链有限公司——南国香都商标第35类图形及文字使用权；广西桂品优生物科技有限公司——"南国香都"农友八桂香八角、农友八桂香肉桂；广西玉林南国香都科技有限公司——"南国香都"桂小卷、桂棒棒；广西首佳食品有限公司——"南国香都"首佳八角、首佳肉桂。通过香料产业系列品牌的打造，带动更多的镇村和企业积极创建自己的品牌、亮出自己的特色。此外，积极申请国家地理标志，申报建设"大红八角""北流沉香"等一批商标品牌，努力以创品牌谋转型、促发展。

三是发展文旅产业，塑造"南国香都"文化特质。积极推动品牌与文旅IP紧密结合，努力打造在全国具有影响力的特色文旅IP。通过筹划推进香料科普馆、沉香博物馆、产品体验馆建设，打造香料特色文化街区，推出"香文化"旅游专线，研发特色文旅产品，建设特色康养中心等举措，加快推进"药、食、疗、美、旅"产业链融合发展，塑造好、推介好玉林的"药文化"和"香文化"，形成具有独特文化内涵和持久生命力的特色文旅IP。已建成玉林香料科普展览馆、中药港文旅（药膳）商业街、牛腩粉一条街及北流沉香文化馆、北流沉香体验贸易中心，推出"南国香都——寻香之旅"文旅线路19条，挂牌药膳馆2家，研发了一批精油、香囊等文旅产品，香料产业价值链不断延伸。先后在人民网、新华网、广西新闻网、当代广西网、《经济日报》、今日头条、学习强国等媒体平台发表香料产业系列主题文章；与中国中药协会、中央电视台联合制作专题宣传片加强品牌推介；在抖音平台注册运营"南国香都"账号，常态化开展线上直播，吸引了一批"香粉"，不断扩大"南国香都"品牌知名度和影响力。未来，玉林将把香料产业与广西最大侨乡容县等文旅资源相结合，与北流铜鼓文化和博白县、陆川县客家文化等特色资源相结合，精心打造一批特色生态文化旅游项目，持续增强"南国香都"文旅IP的影响力和吸引力。

文旅融合时代"南国香都"品牌IP建设的实质是在这一区域公用品牌的引领下，开发更多的知识产权，塑造更多的艺术作品，着力打造产业发展新业态，建设形成特色产业生态圈和超级文旅IP。这几年"南国香都"品牌建设已经取得了阶段性的成果。我们相信，新征程上，"南国香都"品牌建设一定能让我们的八角、肉桂、沉香等香料"香香与共"，让我们的企业、香料产业以及香料产业共同体，一起"香"未来！

梁伟江，广西壮族自治区十一届、十二届政协常委，玉林市政协原主席

"南国香都"
——一个超级城市文脉IP的诞生

王岸柳

2020年《文化和旅游部关于推动数字文化产业高质量发展的意见》（文旅产业发〔2020〕78号）印发，提出要"培育和塑造一批具有鲜明中国文化特色的原创IP，加强IP开发和转化"。近年来，北京、上海、广州、深圳等一线城市和成都、郑州、青岛、苏州等新一线城市先后推出了专属的城市文化旅游IP，打造超级IP赋能文化产业和推动城市高质量发展已经成为一股不可阻挡的潮流。

IP（Intellectual Property）正在从一个严谨的法律概念，演变成为一个相对宽泛的产业概念。万物皆可IP，万事皆可IP。如今通常意义上的IP概念，已经不仅是狭义的"知识产权"，而是指以知识产权为前提的"已经形成海量心智占领的超级观念物"。在无论是城市形象传播还是产品品牌塑造都极其同质化的今天，模仿甚至"山寨"几乎无处不在且周期极短，要让消费者心心念念，就需要直击消费者心灵深处、寻求最广泛的心灵共鸣，其表达便是IP。

基于"新文脉理论"和对大量本土化IP发展案例的总结和深入研究，金元浦团队创造性地提出了"文脉IP"概念。文脉IP指根植于区域地理单元文脉之中的IP，生于此共识、长于此共识，天然连接着成熟的认知和潜在的受众，是众多不同类型IP中最符合国人文化传统的历史存续。凡有一地，必有一脉。文脉是因文化地的历史主线，是地域内拥有共识最大公约数的活态传承。文脉IP带来三大流量：面向广域的大众流量、面向私域的粉丝流量、面向变现的交易流量。有此共识和流量基础，便有最稳固的用户基数和市场空间，IP成功率自然大大提升。

文脉IP隐藏在纷繁复杂的文旅资源背后，一旦被正确的方法发掘并激活，就能够快速形成有效知识产权和稳定综合流量，成为一个优质资产。

一、文脉根植与价值建构

（一）文脉根植：文脉IP生命力与产业基值的根本所在

人类对香的喜爱是与生俱来的，在漫长的历程中，发展出祭祀、宗教、净化自身或环境、饮食、药物等香的诸多用途。中国数千年用香，形成了独特的香文化。香文化与中医药文化一脉相承，"南国香都"涵括了玉林传统上"南方药都"的内涵。许多香料从中药植物中提取而来，许多香料本身就具备宁静、安神、有助睡眠等功效并被广泛应用于医疗。从"药食同源"文化理念出发，传承香文化，能有效支撑玉林发展中医药产业。广西玉林自古就是香料主要种植和集散地，如今仍然集散全国80%的香料。香料是美食的灵魂，是"舌尖上"的美味，也是推动文化传承和发展的重要载体。"南国香都"根植于玉林独特的历史文化底蕴，是中华文明生生不息香文化的典型代表。

共识是认知人的社会性的逻辑起点。人是一切社会关系的总和，文脉本质是在反映人与地域的关系，精准的文脉挖掘和提炼可以最大限度凝聚内外部民众共识，给一个地域或行政单元的文化乃至经济社会发展带来巨大的现实红利。这种提炼的外显化即为文脉IP。因此，文脉IP是一个既得之于时尚、又不失于传统的概念。文脉是产业的灵魂，品牌是提高竞争力的关键。玉林正以产业为基础，以文脉为引领，推进打造香料产业共同体，充实丰富"南国香都"品牌内涵和竞争力，促进实现香料与文化产业融合发展的质量变革、效率变革、动力变革；重点以八角、肉桂、沉香"三大香"为基础，以各镇村为支点，积极"扩一产""强二产""优三产"，加快推进香料产业规模化、工业化、金融化，不断夯实"南国香都"品牌发展根基。

文脉是1，文脉IP是n，一地一脉是中华文明传承弘扬的重要方式，也是"南国香都"这个区域公用品牌的建设和弘扬方式，它根植玉林不同地区的不同生活习惯，以地域文化元素，传承传统文脉，让这块古老的南方大地，每个市、县、镇都能够找到自己的文脉，并由此衍生出一批已经形成了基本认知和基础流量的文脉IP。古时"海上丝绸之路"又被称为"海上香料之路"，"南国香都"有潜力成为当代"海上丝绸之路"上的文脉IP之一。经由古时"海上丝绸之路"，我国的丁香、沉香、檀香、樟脑、嚼香等多种香料不断外销，这条路不仅是我国对外贸易之路，是优秀中华传统文化"走出去"之路，更是中华文明与沿线国家和地区不同文明交流互鉴之路。

如今，我国正大力推进"一带一路"建设，推动以香料为主的香文化"走出去"仍是当代"海上丝绸之路"的重要组成部分，玉林应抓住机遇，发挥优势，将"南国香都"打造成21世纪"海上丝绸之路"上的重要文脉IP。文脉IP以强大的统摄力和牵引力将玉林市大大小小的文脉IP聚合为谱系，共同组成玉林市文化产业和旅游产业最重要的内核——玉林市专属的"南国香都"品牌文脉IP谱系，这些聚合的文脉IP必将成为支撑"无药不过玉林，寻香必至玉州"的四梁八柱，建构世界级香料旅游目的地的内在灵魂。

（二）价值建构：找到传统文化与现代生活的连接点

从怀念到消费，需要准确找到当代产业建设与主流消费的切入口。玉林是中国品种最多、最齐全的香料原材料产地和集散地，截至2021年年底，超过350万亩，其中沉香、八角、肉桂等名贵香料种植面积80余万亩。玉林被誉为全国香料"定价"和交易中心，丁香、肉蔻、豆肉蔻定价在玉林。据不完全统计，近年来国内80%、世界2/3以上的香料都在玉林集散，年交易量80万吨左右，进口香料总额接近300亿元。"香"本身就有着强烈的文化属性，"寻香"对越来越多的年轻人而言正从文化怀旧逐渐演变成一种"圈层社交"的行为选择，但这一过程得到的主动推力，还远远不够。"中国南方药都"既不能充分承载厚重延绵的中华传统香文化，又不能统摄玉林香料产业在当代迸发出的巨大产业价值，因此，迫切需要一个全新的连接点，打通香文化与香料产业的内在关联，打造在全国独具特色、影响力大的香料产业区域公用品牌，更好引领文化传承与产业发展。"南国香都"品牌应运而生。

随着生活水平的不断提高，特别是后疫情时代人们对于健康和养生的日益重视，消费升级让香料迎来前所未有的市场机遇。古老的香文化正在创造越来越多的潜在消费点。

2021年，玉林市充分发挥香料产业优势，成功创建"南国香都"区域公用品牌，并制定了《玉林市"南国香都"区域公用品牌管理暂行办法》，对品牌运用开展市场化、规范化管理。目前，玉林市正积极打造"南国香都"——肉桂八角产业重镇、沉香产业重镇、沉香产业村等示范镇村，并推动一批香料企业先期打造了"南国香都"——桂小卷、桂棒棒、首佳八角等系列产品品牌，玉林的"香"品牌正逐步成型。广西首个沉香文化馆在玉林北流建成开馆，通过集声光电于一体的科普展示，让人们感受沉香文化的巨大魅力。

通过一二三产融合发展，"香"从消费产品向消费文化升级已恰逢其时。"南国香都"作为顶级的区域文脉IP，所承载的价值内涵与符号系统，正在迸发出强大的产业张力。"南国香都"的发展，蕴含着一个以传统香料文化不断赋能当代香料产业，不断结合前沿消费热点而形成全新场景的时代进程。

二、系统观复与自洽创新
（一）系统观复：回归香文化初心，全面推进城市的共识重塑

IP的价值共识离不开传播，传播的核心是观复。"致虚极，守静笃。万物并作，吾以观复。夫物芸芸，各复归其根。"过去很多城市的文化与形象传播仅停留在表面，每年口号不同，标语不同，价值观不同，最终造成共识混乱，不能清晰定位出一座城、一个地域最独特的文化特质，从而让人们认识它、记住它、向往它。因此，城市文脉IP传播的核心要义，在于稳定的价值观的观复的表达。不断地以新形式、新表达，对一以贯之的价值观进行持续的重复，进而将城市独特的文化形象深深根植在受众的心中。

拥有两千多年州郡史的玉林，香料种植也有近千年历史。玉林作为中国南方药都，中药商贸历史悠久。作为南方海上丝绸之路输入药材转销地，玉林将东南亚诸国进口的药材，通过西江—浔江—漓江—湘江—长江等水路通道，发散转销至中原及北方各地。20世纪80年代，一群在广东茂名从事进口东南亚香料的商人来到玉林，使当地香料贸易量显著增多。1988年，玉林集资800万元建成了全国首批获批准开办、广西唯一的中药材（香料）专业市场，令当地香料贸易逐渐辐射全国，产品远销海外。2009年，玉林借力中国（玉林）中医药博览会，一跃成为全国性的香料原材料集散地和香料定价中心。自此玉林中药材市场飞速发展，逐渐形成了汇集1200多种常用中药材、拥有10多个名优中药材品牌的南方第一大中药材集散地，形成了以中医药健康产业和专业中药材市场为代表的中医药产业化新格局，"南方药都"的新名片享誉海内外。

从2009年到2020年，玉林市联合中国中药协会等部门连续举办了十一届中国（玉林）中医药博览会（简称药博会），累计签订投资合同项目100多个。药博会已成为玉林促进中医药（香料）产业国际国内交流与合作及深化"一带一路"开放合作的重要平台。在"广西—文莱经济走廊"

框架下，香料贸易在广西与文莱合作中重新成为亮点，广西与文莱香料贸易和清真认证产业合作逐步向现代化模式发展。2021年9月，广西和文莱有关企业和机构确定一批新的重点合作项目，其中包括中国—文莱香料之都（广西玉林市）项目。

东盟是"南国香都"更为独特的全球机遇。玉林市位于广西东南部，毗邻粤港澳，是西部陆海新通道的重要节点。自古以来，玉林就是中国乃至东盟地区八角、丁香、肉桂、香叶、辣椒、白胡椒、黑胡椒等香精料的主要种植地和集散地，世界三分之二以上的香料都在玉林集散。推动独树一帜的玉林香料产业提质延链，擦亮品牌，借助RCEP东风谋求更大的发展，是当地正在努力的新方向。"南国香都"紧抓《区域全面经济伙伴关系协定》新机遇，将扩大与东盟国家在香料领域的贸易往来，着力建设面向东盟的国际中药材（香料）生产交易基地。

"南方药都"为"南国香都"价值内核的传播打下了非常良好的基础。在玉林市委、市政府的领导下，"南国香都"抓住历史机遇，利用中小企业商机博览（中国·玉林）、中国（玉林）中医药博览会、"岭南都会"消费购物节等平台持续推动"南国香都"品牌的广泛传播，以"会展经济"为突破口，打开了玉林市以"南国香都"为全新形象的认知重塑，赶上了21世纪的发展浪潮。此外，"南国香都"也开启了新媒体的传播之旅，初步形成了覆盖当前主流平台的媒体矩阵，推动全新的城市文化特质在人们的认知中快速迭代。

（二）自洽创新："药食同源改革"开启香料产业的新征程

文化是产业的灵魂，品牌是增强公众认知度的标志，创新是提高竞争力的关键。玉林以产业为基础，以创新为根本，以文化为引领，推进打造香料产业共同体，充实丰富"南国香都"品牌内涵和竞争力，促进实现香料与文化产业融合发展的质量变革、效率变革、动力变革；重点以八角、肉桂、沉香"三大香"为基础，加快推进香料产业规模化、工业化、金融化，创新开展食品用药食同源商品进口通关便利化改革工作，为玉林香料产业发展打开了更为广阔的市场，不断夯实"南国香都"品牌发展根基。

玉林香料产业优势明显，是全国香料原材料最多、最齐全的产地和集散地，但多年来，食品用药食同源商品在广西只能以药材用途报关通关，用时长，企业成本和经营风险大，企业无奈选择到开放程度较高的广州等外省港口报关通关。

为解决企业以食品生产加工用途申报进口既是食品又是药品（药食同源）的商品通关问题，2021年10月，广西壮族自治区商务厅等四部门联合印发《药食同源商品进口通关便利化改革协调会会议纪要的函》（桂商贸函〔2021〕181号），明确在玉林市、梧州市开展药食同源商品进口通关便利化改革试点，拉开了玉林市药食同源试点改革的序幕。玉林市委、市政府非常重视药食同源试点改革工作，成立试点改革领导小组，出台改革方案，制定四项管理制度，优化通关流程，确定首批4家试点企业先行先试。

与此同时，玉林市药食同源改革领导小组积极走访香料经营户，开展座谈会，加大政策宣讲力度，鼓励香料经营户用足用活现有政策。积极协调海关、商务等部门，优化通关服务，推行"提前申报""两步申报""两段准入"等"船边直提""抵港直装"等通关改革便利措施，协助试点企业在广西完成药食同源商品进口顺利通关。2022年3月15日，广西桂品优生物科技有限公司从印度进口的27吨小茴香运抵玉林国际香料交易市场，标志着广西首单食品用药食同源商品在玉林成功通关，填补了广西药食同源商品以食品用途在本地通关的空白。商品的通关费用比从广东等外省港口通关节约近2200元。广西桂品优生物科技有限公司率先在广西开展药食同源商品进口业务，玉林市市场监督管理局全程跟踪服务，一个工作日内为企业开具了药食同源商品进口用途证明，玉林市相关部门积极协调海关、港务等部门为企业争取优质便捷的通关服务，确保了广西首单药食同源商品成功通关。

玉林市加大药食同源试点改革宣传力度，鼓励试点企业抢抓机遇，发扬敢为人先、敢拼敢干的精神，做好发展计划，积极开展药食同源商品进口业务。首单成功通关大大提振了企业信心，玉林市乘势加大培育试点企业力度，积极推动药食同源商品进出口增量，试点期间药食同源商品通关目录就达21种，首单通关后的第1个月内促成药食同源商品进出口交易额达2165万元，试点企业从首批4家发展到9家，试点改革工作取得了显著成效。

三、科技赋能与场域承载
（一）科技赋能：数字金融赋能香料交易，打响产业升级攻坚战

科技是当前最具活力的产业要素，特别是数字科技，已成为传统产业加入数字经济这一时代巨轮的助推器，在这方面，"南国香都"也没有掉队。2021年年底建成的玉林香料市场将成为玉林香料产业核心区重要组成部分，玉林市87%的香料经营户已搬入玉林香料交易市场集中经营。自从交易平台上线e企付之后，商户在线上平台的采购、销售情况变得一目了然，资金的周转更加方便了，支付方式更多了，支付效率也更高了。

玉林市创新以结算金融为依托，普惠金融为纽带，通过线上线下一体化发展、场景和生态两翼推动、产品创新和数字风控双轮驱动，助力乡村振兴，凭借数字优势和科技赋能，创新"玉商"金融模式。2022年7月8日，工银e企付业务正式投产于玉林香料市场，以"平台负责交易管理，银行对应资金支付"的合作模式对接线上直销平台"找香料网"，打造"科技+数字+信息"的市场管理平台金融服务，通过建设专业交易市场、强化金融引领等措施，推动香料贸易提档升级，提高了管理效率，助力玉林经济快速发展。

引领"南国香都"品牌发展的玉林香料交易市场，配套的香料产业链质量和规模处于国内领先水平，其线上交易平台"找香料网"随着交易市

场不断创新营销模式、构建营销体系应运而生，致力于推进玉林香料产业发展，做大做强香料产业链集群圈，通过科技赋能把数字化转型作为服务新发展格局的重要抓手，凝聚共识，健全工作机制，深耕场景推广，围绕客户需求和重点项目，加快数字化转型步伐，以数字化手段提升品牌的服务水平，积极打造与数字经济相适应的香料服务体系。与此同时，玉林市与广西食品药品检验所共建玉林实验室，在玉林国际香料交易市场配套建设香料科研检验检测技术中心，打造一站式高科技服务中心，推动香辛料等产品向玉林的全产业链导入和聚集，逐步在玉林形成单一农产品的世界级定价权。

通过科技赋能做到精准识别，玉林市从全局发展角度意识到与玉林香料线上交易平台进行合作是构建金融生态化场景，打造新型智慧化产业链金融品牌的重要布局。通过银行总行＋分行＋支行三级联动配合，积极提供交易流程优化、客户需求识别及新型营销发展等解决方案。着重发挥e企付"资金安全，流程便利，风险可控"的优点，将银行的结算系统灵活嵌入线上交易平台，向平台方和交易方提供灵活的支付方式和支付工具，有效解决了传统资金结算模式下资金流、信息流与物流不匹配的问题，规避二次清分风险。

（二）场域承载：打造"一二三产融合"的香料消费场景谱系

随着消费升级时代的到来，越来越多的消费者已经不满足于传统的物质消费、实体消费，更多开始追求精神层面的体验和感受，追求个性化、有特色、有品位的消费，这种消费升级可以概括为从消费产品向消费文化升级。在"南国香都"超级IP的辅助下，玉林建设了香料科普馆、沉香博物馆、产品体验馆，并积极打造香料特色文化街区，推出"香文化"旅游专线、研发特色文旅产品，筹建特色康养中心等，不断丰富"南国香都"内涵，加快推进"药、食、疗、美、旅"产业链融合发展。打造"南国香都"品牌集群，注册了首佳至真、农友八桂香、桂百味、桂香宝、贝利尔、锦香汇等10多个香料商品商标，引导3家药食同源企业申请使用"南国香都"区域公用品牌商标并获准。

在此背景下，玉林以点带面扩大全市中药材、香料的种植，在北流六靖镇、石窝镇、民乐镇和容县石头镇、兴业县山心镇等地布局建设了一批中药材、香料种植示范点；加速策划建造香料特色工业加工园、药食同源加工园区，大力展开香料产品的精深加工工业；推进展开玉林国际香料科研查验检测技能中心通过广西质量技能点评认证中心认定评审工作，"广西中医药（香料）科研查验检测中心"获推荐列入第一批中国—东盟创新协作区科技专项名单。推进在玉林福达世界香料交易商场等地建设海关监管仓，满足中医药（香料）产品的进出口便利化需求。

打造香料交易、产品研发、精深加工、仓储物流、检测检验、国际会展、进出口保税仓等功能完备的"生产—加工—质检—销售—研发"香料全产业链成为玉林市香料产业发展的重中之重。然而，由于玉林香料产业基础薄弱，存在着"一产弱""二产缺""三产薄"的短板，香料变"香链"困难重重。玉林市专门成立了中医药（香料）产业工作组，以"扩一产""强二产""优三产"为思路创品牌，加快推进香料产业规模化、工业化、金融化，实现香料一二三产深度融合、共同发展。

截至2021年年底，玉林下辖的北流市已有沉香（种植）合作社56家，初级加工企业24家，精深加工企业21家，产业年产值约3亿元，是广西人工种植沉香最多的区域。为进一步挖掘香料的文化内涵，推进文旅融合，玉林还推出南国香都"寻香之旅"美食文化游线路19条，2家药膳馆，研发了一批精油、香囊等文旅产品，香料产业价值链不断延伸，辐射带动了加工、生产、物流、研发、康养、文旅等产业发展，逐步形成一条完整的香料全产业链。

玉林有穿心莲、天冬、金钱草、石斛等道地药材1000多种，香料种植面积350多万亩。玉林进口香料产地主要涉及印尼等"一带一路"沿线国家和地区，年交易中药材（香料）稳定在100万吨，交易金额约300亿元。玉林香料制成品远销日本、韩国、越南、泰国、马来西亚、新加坡等国家和地区。玉林香料产业链从业人员2万多人。

玉林已把包括香料产业在内的大健康产业作为千亿元产业大力打造。近年来，玉林采取多项措施，优化通关服务，积极推动中药材（香料）保税物流中心（B型）、中医药（香料）科研检验检测中心、香料特色产业加工园、"药食同源"加工园区等一批项目筹建。2020年7月，总投资50亿元的玉林国际香料交易中心暨福达农产品冷链物流园项目开工，项目计划2024年12月建成，建成后可容纳2000多家商户同时进场交易，将改变玉林单一的香料原材料贸易模式，打造具备香料交易、产品研发、精深加工、仓储物流、检测检验、国际会展、进出口保税仓等功能的完备的香料全产业链，成为中国—东盟最大的现代集约型全品类香料交易中心。

四、流量运维与数字孪生

（一）流量运维："桂馥兰香"——全产业线上＋线下风采的释放

上千年的香料文化在这里传承、世界六成以上的香料在这里集散、香料年交易金额约300亿元，有着"千年古州，岭南都会"美誉的广西玉林大力发展香料产业，以"香产业"为体、"香文化"为魂，正努力让"南国香都"香飘世界。为此，玉林建成岭南香都数字直播香料产业孵化基地，于2022年2月22日举行开业庆典。此举体现了玉林在产业发展上的新思路，通过新技术手段和流量运维来推动传统产业的转型升级，书写玉林数字经济发展新篇章。

岭南香都数字直播香料产业孵化基地是由广州启源投资有限公司与广西沪邦投资集团有限公司共同投资建设的线上数字直播电商平台。基地集合了直播间、培训室、办公区、展示厅、仓库、冷库等配套功能，涵盖直播带货、主播及运营培训、直播代运营、IP孵化、云仓供应链等业务。基地联合多方社会资源，围绕香料、中药材产业开展直播带货，通过打造"乡村振兴+数字经济"特色新型基地建设模式，形成直播新经济产业集群，助推玉林乃至广西电商产业高质量发展。该项目投资8000万元，将作为促进玉林传统香料（市场）产业转型升级的产业发展平台，通过线上数字直播电商平台这一新型消费模式来推动产业的发展，其运营所带来的收益也将为玉林带来可观的税收。

玉林"三月三"香料文化节72小时直播带货，助力"香都"出圈。直播带货的方式力求打响玉林"香都"称号，助推玉林香料产业经济，引领品牌走向国际舞台。市场发展状况表明，直播电商是数字经济的最新发展形态代表之一，对消费模式和产业结构都有明显的影响，岭南香都数字直播香料产业孵化基地的建成，正逢其时。作为全国首家线上数字香料直播平台，它生机勃勃，前景广阔，它创新了玉林香料产品的交易模式，从线下到线上，从传统到数字，未来所踏出的每一步，都将掷地有声，它见证着玉林市为贯彻新发展理念，推动数字经济发展，构建玉林市"四强两区一美"两湾先行试验区付出的巨大努力。

（二）数字孪生："持续飘香"——让沉香文化焕发全新光彩

为充分发挥玉林深厚的历史文化资源优势，增强广大受众群体与文物保护之间的情感连接，推动"南国香都"的文化IP传播，实现玉林众多景区经济发展质量变革、运行效率变革及管理动力变革，沉香文化馆率先启动建设智慧文旅数字孪生平台。平台将沉香文化与数字技术及文旅体验整合为一体，通过集声光电元素于一体的多元化展示，让游客感受沉香文化的巨大魅力。让玉林"香"文化的历史价值、文化价值、科学价值及艺术价值更易于被游客接受，让游客可以全方位了解"香"文化，同时整合北流沉香文化馆区海量数据资源，突破单一维度"信息孤岛"，实现了"连通游客、传播文化、永续发展"的愿景。

文化遗产的数字化复原与保护。文化遗产具有"不可再生、不能永生"的特殊性，受地质灾害、风雨侵蚀等自然因素的影响，当前文物修复及保护工作迫在眉睫。利用数字化手段修复、保存文化遗产能在最大程度上保留其最初始、最真实的面貌，数字孪生技术、云计算、物联网、大数据、人工智能、虚拟现实等技术，让优秀文化和文化遗产"活"了起来。沉香文化馆利用激光点云结合倾斜摄影等技术，打造了一个人人可以随时随地参观的数字化馆区，并选择寻香馆、品香馆和赏香馆等体量较大、气势恢宏，具有展示价值的功能区，对场馆陈设进行1毫米级精度的三维模型数据采集，快速高效实现360°全方位、高精度、高保真度复原呈现，以"科技+文化"的形式，让游客可观赏3D模式的沉香形态，近距离感受沉香。

时空大数据综合分析研判，助力馆区智慧化运营。在数字孪生平台上叠加红外线观测数据、视频识别数据、传感器数据，结合大数据分析、AI算法，准确计算、预测馆区内景点的客流密度、客流分布、游客行为习惯等，成为沉香文化馆智慧化运营管理的重要依托，实现馆区资源一张图监控、设备一张图控制，通过"一张图"一览馆区所有情况，助力馆区利用大数据技术实现管理水平、服务质量、运营能力的提升。

打造从数字化管理到智慧化运营，再到品牌化营销的全流程一站式解决方案，构建集数据融合、全景展示、全域管理、统筹规划、公共服务等多功能、多场景于一身的数字孪生文旅系统。在智慧化运营方面，基于馆区数字孪生底座，结合时空数据智能分析技术，对馆区内的客流、环境监测、馆区商业销售、游客行为等数据进行全面、透彻、及时的感知、监测和分析，为馆区的科学运营及决策优化提供有力支撑。在品牌化营销方面，通过数字孪生等技术对馆区文化遗产景观进行数字化复原，形成数字档案，将文化遗产转化为数字资产。同时，基于数字化场景深入挖掘其中的文化内涵，围绕文化遗产IP打造文创生态产业链，强化经济效益；结合VR、AR、AI等前沿技术创新游览体验，为文化遗产注入新的生命力。利用新媒体传播特性吸引游客参与馆区文创IP的多元化传播营销，实现文化遗产品牌化战略，提高产品科技含量，延长沉香产业链，让北流沉香"持续飘香"。

王岸柳，博士、中国人民大学国家高端智库文创中心主任

影响历史进程的香料与举翼腾飞的"南国香都"

万辅彬

在我们的生活常识中,食物的作用主要在于填饱肚子和改善舌尖上的滋味,可综观历史,事实不仅如此,食物还在无形中推动着人类文明的前进,它是许多重大改变的背后推手。汤姆·斯坦迪奇的《舌尖上的历史》一书,介绍了影响了人类历史和文明进程的4种最有代表性的食物。

谷物(玉米、小麦、水稻):让人类从狩猎采集社会进入农业社会,促成了阶级的诞生。

香料:为人们带来美味,同时也开启了大航海时代和哥伦布大交换。

甘蔗:导致了奴隶贸易,同时也促进了工业时代的来临。

土豆:解决了温饱问题,同时也为工业革命创造了条件。

下面这篇短文主要想讲两个问题:香料曾经影响过历史进程;"南国香都"正在做有历史影响的大事。

一、香料曾经影响过历史进程

香料确实是深刻影响过人类历史进程的神奇东西,欧洲人揭开大航海时代的序幕,就有香料的原因。但欧洲人疯狂渴望的香料并非我们今天理解的香水香精一类的化妆品,而是胡椒、丁香、豆蔻、桂皮甚至生姜这类我们今天在超市、小摊上可以买到的调料。古代欧洲人这种痴迷,并非源于审美情趣,而是生活必需。

欧洲人以肉食为主，但吃肉有个很大的麻烦，就是古时没有冰箱，鲜肉保质期很短，用盐腌又口味不佳，加入香料这种神奇的东西，味道变得可口倒是其次，关键是香料的防腐杀菌作用能让肉的保鲜期延长好几倍。因此对古代欧洲人来讲，香料与其说是奢侈品，不如说是生活必需品。香料作为当时最贵重的商品之一，其价值几与黄金相当。英语中spice（香料）来源于拉丁语species，常用来指贵重但量小的物品。1248年时在英国买一磅肉豆蔻皮需4先令7便士，相当于买3只羊的钱，这即便对富裕家庭来说也是极昂贵的。

香料主要产自印度和东南亚热带地区，价值高、重量轻的各种香料从遥远的东方被贩卖到欧洲，形成了世界贸易网。1453年，奥斯曼帝国攻占了东罗马帝国的首都君士坦丁堡（这里是亚欧贸易的中转关卡），使这条商路被切断。奥斯曼帝国几乎完全垄断了香料贸易，导致香料在欧洲价格暴涨。欧洲贵族自罗马帝国时代就养成了离开香料活不了的生活习惯，甚至把香料视为高品质生活的象征，为了获得香料多少钱也舍得花。所以，在东方相对便宜的香料到西方变得与黄金等价（其实比黄金还贵得多，有时一粒胡椒竟然能换一枚金币），香料就在欧洲成了奢侈的必需品，东西方差价竟高达一万倍以上！谁找到香料，谁就能一夜暴富。要想继续从东方获得香料，就要寻找通往东方的新航路，于是欧洲国家发起了寻找绕过中东直奔香料产地的航海运动。

哥伦布、达·伽马和麦哲伦这三位地理大发现时代的开拓者实际也是香料搜寻者。在西班牙皇室的支持下，哥伦布为寻找香料西行到了美洲大陆，最后将辣椒传入欧洲。辣椒虽然与胡椒一样可以调味，但是缺乏香料的神秘和贵重感，因此并没有带来财富。西行寻找香料失败后，达·伽马尝试东行，终于到达印度，找到了香料，并强行控制印度的香料贸易。某种意义上，可以说是香料拉开了15世纪末到16世纪初大航海时代的序幕。更早的十字军东征，也有香料的原因。为了香料，财富聚了又散、帝国建了又毁，一个新世界由之发现，千百年来这种饮食上的需求驱使人们纵横世界，也改变着世界。

二、当今香料市场的格局

目前，全世界发现含精油的植物有3000多种，在国际市场上有名录的天然香料有500种左右，其中已工业化生产和商品化生产的不超过200种。我们所使用的香料，相当一部分的来源还是国外，香木（檀香、沉香等）主要来自印度、越南、泰国、印度尼西亚、马来西亚等热带地区；薰衣草、玫瑰等香草、香花制成的精油主要来自法国南方和西班牙等南欧地区；高山地区特有的香料植物主要来自喜马拉雅山等地。来自世界各地的香料增添了香料的丰富性与独特性。

我国有400余种天然香料植物，目前已生产并形成商品有120多种，其中桂油、茴油和薄荷油的产量稳居世界第一。因此，无论是香料植物资源，还是目前已经形成商品的天然香料的品种和数量，我国在国际上均已占有一定的地位，是天然香料的生产大国。但我国香料产业链很短，一产（天然香料植物生产）有一定规模，二产（香料深加工）很薄弱，三产（市场营销）还在初级阶段，在国际上有较大影响的香料企业不多。当今国际上比较有影响力的香料企业基本是欧美、日本企业，如美国国际香料公司、奇华顿公司、芬美意香料公司、德之馨有限公司、日本高砂香料株式会社、日本长谷川香料株式会社、法国曼氏香精香料公司。

随着世界经济的发展，随着人们对生活质量的要求越来越高，饮食提味、实物防腐、香化环境、美容化妆、传统医药……香料产业还有很大的发展空间，尤其是我国，在实现小康之后，应该有较大的发展。

三、广西天然香料资源得天独厚

广西地处南亚热带地区，东西跨7个经度，南北跨6个纬度，冬暖夏长，雨量充沛，生长着90余科600多种天然香料作物，位居全国前列，被称为"天然香料的王国"，八角、桂皮等是其中的特优产品。

广西素有"世界八角之乡"美称，截至2021年年底，全区八角种植面积超过400万亩，年产干品约8.3万吨，年产茴油1647吨，其面积与产量分别占全国的85%和95%。

广西也是玉桂最重要的产地，全区玉桂种植面积超过200万亩，年产桂皮约2.1万吨，桂油727吨，占全国总量的60%以上。

此外，广西的桂花、茉莉花等天然香料的生产在国内外也占有重要的地位。

据不完全统计，广西的一些天然香料品种甚至可以左右国际市场，如茴油占世界贸易的90%以上，桂油占60%以上。

广西的八角干果主要出口印度、缅甸、英国、美国、法国、德国、西班牙及东南亚等国家和地区；八角茴油主要出口法国、美国、新加坡、西班牙、英国、日本、加拿大等56个国家和地区。

广西天然香料生产已形成产业基地，截至2021年年底，八角种植面积超过10万亩的有防城、玉林、苍梧、宁明、德保、那坡、藤县、百色、金秀、浦北、岑溪、容县、凌云等县（市、区）。广西中越边境地区的防城、东兴、宁明、凭祥、龙州、大新、靖西、德保、那坡等县（市、区），发展香料产业正形成新的热潮，截至2021年年底，八角、肉桂林面积达200万多亩，占广西全区香料种植总面积的1/3，已发展成为中国规模最大的香料长廊。

广西东面苍梧、藤县、蒙山等县是广西又一个连片香料生产基地，截至2021年年底，八角种植面积已增至50多万亩，正常年景产干果4950吨左右，约占广西总产量的30%。

广西天然香料加工已有了一定发展，也具有了一定规模，但总体上广西天然香料加工工艺仍比较落后，加工成品比较单一，科技含量比较低，多数是初级产品。

广西天然香料生产孕育着巨大商机。广西位于中国大陆沿海的西南端，西邻云南省，北邻贵州省，东北邻湖南省，东南邻广东省，南靠北部湾，隔海与海南省相望，面向东南亚，西南直接邻接越南，处于中国东南沿海地区和中国大西南地区的交汇地带，是中国西南最便捷的出海通道，其香料产业有条件获得更大的突破。

四、期待"南国香都"举翼腾飞

广西玉林自古就是香料主要种植和集散地。推动独树一帜的玉林香料产业提质延链，擦亮品牌，借助RCEP东风谋求更大的发展，是玉林正在上演的重头戏。

2022年7月，我应广西壮族自治区政协常委、玉林市中医药（香料）产业工作组组长、玉林市政协原主席梁伟江的邀请，出席了由中国人民大学文化创意产业研究所主办，玉林市中医药（香料）产业工作组、玉林交通旅游投资集团有限公司、玉林市香辛料协会承办的"南国香都"品牌建构研讨会，感到很荣幸。梁伟江主席敏锐地觉察到"中国南方药都"已经不能完全统领玉林香料产业的经济价值与文化内涵，玉林迫切需要打造在全国独具特色、影响力大的香料产业区域公用品牌，更好引领产业发展。为此，她努力整合各方面的力量，打造了"南国香都"品牌，乘着《区域全面经济伙伴关系协定》新机遇的东风，紧抓建设面向东盟的国际中药材（香料）生产交易基地，以市场优势撬动全产业链，推动香料一二三产融合发展，丰富香料文化内涵，延伸香料产业价值链，推进香料产业全域发展。

如今线下火，线上也火。玉林国际香料交易市场，粉丝数超过20万的商户有20多家。热闹的除了市场，还有种植香料的乡村。以石头镇的香料种植为例，在水口村的八角高产稳产示范基地，经过矮化嫁接的八角树密密麻麻地挂满了果。

玉林正在推动香料精深加工企业发展，探索成立香料精深加工研发孵化机构，为工业化生产提供技术支撑。

在三产方面，玉林每年拥有300亿元的年香料交易额，但仓储设施仍显不足，品牌知名度不高，下一步要实现标准化，进一步扩大出口，为将来开发香料的金融属性打下基础。

我们热切期待"南国香都"带动整个广西香料产业大发展，相信"南国香都"一定会香飘世界。

众望所归根基牢，
宏图大展云路遥。
南国香都已举翼，
香气腾飞五洲飘。

万辅彬，中国著名科技史学家、
中国科技史学会少数民族科技史专业委员会原主任、
广西民族大学原副校长、资深教授

从"桂"说到"南国香都"

曹光哲

广西简称"桂",又称"八桂"。"桂"是一种植物,这是中国省级行政区中唯一的植物名简称。"桂"又是一种香料。我曾戏言:"八桂,八桂,八角肉桂;书香沉香,香香与共",虽不准确,也并非全无道理。

"桂林山水甲天下",一说到"桂",很多人便会想到桂林,"八桂"则是广西的别称,桂海、桂州、桂阳、桂陵、桂平、桂江、桂系、桂剧、桂籍、桂冠、桂宫、桂轮、桂窟、桂圆、桂花、桂布、桂竹、金桂、银桂、丹桂、玉桂、肉桂、菌桂、牡桂、月桂、折桂等,也无不叫响一个"桂"字。广西文化人创立了一门"桂学",广西农垦集团也打出了"桂垦良品"的招牌,广西人还推广"桂菜""桂酒"。

一、"桂"和"八桂"

广西简称"桂",是由"桂林"而来还是由"八桂"而来?

据查,"桂"字最早出现在《山海经》卷一《南山经》:"南山之首曰䧿山。其首曰招摇之山,临于西海之上,多桂,多金玉。"这里的"桂"指"桂树"。《山海经》卷十《海内南经》有"桂林八树在贲禺东"的记载。这里讲的"桂林八树"应该是"八桂"一词的最早出处。但这里讲的"桂林"显然是指"桂树成林",而不是指今天的"桂林"这个地方。晋代郭璞注《山海经》"桂林八树":"八树而成林,言其大也。

贲禺，今番隅县。""在贲禺东"即在今广州市番禺的东面，显然也不是指今天的"桂林"。明代黄佐在《罗浮图经》中说："《山海经》桂林八树，在番禺东，即罗山也。"按照他的说法，番禺东，具体指位于今天广东省惠州市博罗县的罗浮山。为了"在贲禺东"这四个字，我还千里迢迢开车去过罗浮山。那里确实有桂树，但不知道是否就是《山海经》所说的"桂林八树"的桂树。宋代苏东坡曾有"罗浮山下四时春，卢橘杨梅次第新；日啖荔枝三百颗，不辞长作岭南人"的著名诗篇，说罗浮山就是"桂林八树"的所在地似乎顺理成章。顺便说一句，《山海经》并无"番禺之西，八桂成林"之说。南宁青秀山把它刻在桂花园入口处不免附会了。

公元前214年秦始皇平定岭南后，在岭南设立桂林、南海和象三郡，这是"桂林"一词首次作为地名出现。但当时的"桂林"不是今天的"桂林"，因为"桂林郡"的治所在布山县（今贵港市区），而且很快"桂林郡"就被"郁林郡"取代。现在的"桂林"最早是三国吴甘露元年（公元265年）设立的始安郡始安县，后改名为桂州，明清时为桂林府，1914年改名为桂林县，1940年始设桂林市。

"八桂"一词应该是从"桂林八树"演化而来的，但"八桂"指"八树而成林，言其大也"，而不是真的有"八棵桂树"。而且，"八桂"一词开始并不特指广西，而是泛指南方。晋代孙绰《游天台山赋》有"八桂森挺以凌霜，五芝含秀而晨敷"的句子，天台山在今浙江省台州市天台县。南朝梁沈约在《齐司空柳世隆行状》中写道："临姑苏而想八桂，登衡山而望九巅"，姑苏是今天的江苏省苏州市。南朝梁诗人还有"南中有八桂，繁华无四时"之说，南朝的宋、齐、梁、陈均都于建康（今江苏省南京市）。

据我们今天看到的史料，明确把"八桂"与广西联系起来的，始于唐代著名诗人韩愈。韩愈《送桂州严大夫》诗云："苍苍森八桂，兹地在湘南。江作青罗带，山如碧玉簪。户多输翠羽，家自种黄柑。远胜登仙去，飞鸾不假骖。"湖南简称"湘"，广西在湖南之南，韩愈诗题中的桂州，治所在今广西桂林市。韩愈从来没有到过桂林，但他的"江作青罗带，山如碧玉簪"是描写桂林山水的著名诗篇。宋代杨万里有"来从八桂三湘外，忆折双松十载前"的诗句。元代黄镇成写过"八桂山川临鸟道，九嶷风雨湿龙堆。"明代杨基《忆弟》诗有"青州信息稀，八桂音书绝"一句。可见"八桂"是特指广西了。官方纂修的《大明一统志》记载："八桂，广西桂林府郡名。"广西省会驻桂林，以桂林代表广西，从此，广西称"八桂"正式在官书中固定下来了。

二、"桂"是一种树，也就是"肉桂"

以"桂"或者"八桂"代表广西，这里的"桂"是一种树，也就是"桂树"，但具体是指哪种"桂树"呢？

以"桂"为名的树有三种，即桂花树、玉桂和月桂，它们都可以称为"桂树"。广西的桂树主要有两种，一种是桂花树，品种很多，常见的有金桂、银桂、丹桂和四季桂四种，果实为紫黑色核果，俗称桂子；另一种是肉桂，也称玉桂，肉桂又有牡桂、菌桂等名称。月桂原产于地中海地区，后来才传入中国。

那么，作为广西简称的"桂"到底指哪种桂树？我们先看几段史料。

汉代许慎《说文解字》卷六"木部"："桂江南木，百药之长。从木圭声。古惠切。"

晋代嵇含《南方草木状》："桂出合浦，生必以高山之巅，冬夏常青，其类自成为林，间无杂树。"

唐代官修《唐本草》："牡桂乃尔雅所云木桂也，叶长尺许，大小枝皮俱名牡桂，出邕州。"

宋代范成大《桂海虞衡志》："桂，南方奇木，上药也。桂林以地名，地实不产，而出于宾、宜州。"

清代段玉裁《说文解字注》："桂，江南木。本草曰，桂生桂阳。牡桂生南海山谷。箘桂生交趾、桂林山谷。百药之长。本草经木部上品首列牡桂、菌桂。箘桂味辛温。主百病，养精神，和颜色，为诸药先聘通使。故许云百药之长。檀弓，内则皆姜桂并言。刘逵引本草经正文曰，菌桂，圆如竹，出交趾。然则其树正圆如竹，故名箘桂。今本草云，无骨，正圆如竹。不系之正文。无骨，盖谓空心也。左思赋，邛竹缘岭，箘桂临崖。正以竹之实中者与桂之虚中者反对也。从木。圭声。古惠切。十六部。"

此外，《尔雅·释木》曰："梫，木桂。"晋代郭璞注："今南人呼桂厚皮者为木桂。桂树叶似枇杷而大，白华，华而不著子，丛生岩岭，枝叶冬夏常青。"清代王闿运集解："今谓之肉桂。取皮浸之，故曰梫；取其树，故曰木。"

史料说明，古人解释"桂"字，说是"百药之长""南方奇木""上药也""主百病、养精神、和颜色"，显然是指肉桂。由此可知，广西简称"桂"，又称"八桂"，是因肉桂而得名。

三、从"蟾宫折桂"到"桂冠诗人"

既然"桂"是指肉桂，而非桂花树，那么"折桂"的"桂"和"桂冠"的"桂"又是什么"桂"？

"折桂"的典故源出《晋书·郤诜传》："武帝于东堂会送，问诜曰：'卿自以为何如？'诜对曰：'臣举贤良对策，为天下第一，犹桂林之一枝，昆山之片玉。'"后因以"折桂"谓科举及第，而"桂籍"特指科举登第人员的名籍。唐代杜甫《同豆卢峰知字韵》："梦兰他日应，折桂早年知。"宋代徐铉《庐陵别朱观先辈》："桂籍知名有几人，翻飞相续上青云。"清代李渔《夺锦楼》："那些未娶少年一发踊跃不过，未曾折桂，先有了月里嫦娥。"清代纪昀《阅微草堂笔记·滦阳消夏录一》："尔读圣贤书，一'恕'字尚不能解，何以挂名桂籍耶。"清代曹雪芹《红楼梦》："彼时黛玉在窗下对镜理妆，听宝玉说上学去，因笑道：'好，这一去，可是要蟾宫折桂了，我不能送你了。'"

古人把科举及第叫作"蟾宫折桂"，"蟾宫"指月宫，"桂宫""桂轮""桂窟"也都代指月亮。"蟾宫折桂""折"的是什么"桂"？《淮南子·外八篇》记载："昔者，羿狩猎山中，遇姮娥于月桂树下。遂以月桂为证，成天作之合。逮至尧之时，十日并出。焦禾稼，杀草木，而民无所食。猰貐、凿齿、九婴、大风、封豨、修蛇皆为民害。尧乃使羿诛凿齿于畴华之野，杀九婴于凶水之上，缴大风于青邱之泽，上射十日而下杀猰貐，断修蛇于洞庭，擒封豨于桑林。万民皆喜，置尧以为天子。羿请不死之药于西王母，托与姮娥。逢蒙往而窃之，窃之不成，欲加害姮娥。娥无以为计，吞不死药以升天。然不忍离羿而去，滞留月宫。广寒寂寥，怅然有丧，无以继之，遂催吴刚伐桂，玉兔捣药，欲配飞升之药，重回人间焉。羿闻娥奔月而去，痛不欲生。月母感念其诚，允娥于月圆之日与羿会于月桂之下。民间有闻其窃窃私语者众焉。"在这段记载中，吴刚伐的是"月桂"还是"肉桂"？从字面上看，是"月桂"；但从"吴刚伐桂，玉兔捣药，欲配飞升之药"一句看，又似乎是"肉桂"，因为只有"肉桂"才是"百药之长"。但在一般人的心目中，吴刚伐的是"桂花树"，因为桂花树开花时节正是中秋节前后，所以有"八花桂花香"的说法。毛泽东词句"吴刚捧出桂花酒"，似乎也说的是"桂花树"。屈原《远游》中曾有"嘉南州之炎德兮，丽桂树之冬荣"之句，也应该是指桂花树。《九歌·东皇太一》有"蕙肴蒸兮兰藉，奠桂酒兮椒浆"句，说明早在两千多年前，古人就用有香味的椒来浸泡"桂酒"了。

西方有"桂冠诗人"的说法，这里的"桂"就不是"桂花树"的"桂"，也不是"肉桂"的"桂"，而是"月桂"的"桂"。"月桂"英文为laurel，其拉丁字源laudis意为"赞美"，罗马人视之为智慧、力量与和平的象征。所以，在奥林匹克竞赛中获胜的人，都会得到一项用月桂编成的头环,而"桂冠诗人"一词也是由此衍生出来的。所以"桂冠"的"桂"指"月桂"是没有任何问题的。

四、从"桂"到"南国香都"的历史逻辑

广西简称桂,又称八桂,这个桂指肉桂,廓清这一问题,对于深入挖掘"南国香都"的历史渊源和文化内涵具有重要的意义。

"南国香都"是玉林市全力打造的一个区域公用品牌。这一品牌的问世,正是桂作为广西简称这一文化现象的符合逻辑的必然结果。

从"桂林郡"到"郁林郡"到"玉林市",历史的脉络十分清晰。以肉桂这一作为广西简称的珍贵植物为代表的香产业和香文化,成为玉林城市文脉的重要组成部分。对玉林而言,"海上丝绸之路"和"海上香料之路"是并驾齐驱的。据统计,玉林市每年香料产业实现总产值约100亿元,年交易额约300亿元,从事香料生产、销售的经营主体800多家,国内80%、世界三分之二以上的香料在玉林集散,由此催生了全国最大的香料交易市场。玉林也是全国大宗香料的重要产区,香料种植面积达350多万亩,其中八角、肉桂、沉香80多万亩,是支撑玉林香料产业核心板块的"三大香"。经过上千年的漫长演进和近年来的快速发展,"南国香都"的桂冠终于戴在了玉林的头上。

玉林人不仅为广西贡献了"桂"这样一个独具匠心的名称,而且为"桂产业"和"桂文化"注入了连绵不断的活力,最终树起了"南国香都"这面大旗,为广西大力发展基于深厚的历史文化和独特的自然环境的特色产业之路做出了有益的探索,开辟了广阔的前景。正像"桂"是所有广西人的,"南国香都"也是所有广西人的。从"美美与共"到"香香与共",为新时代壮美广西建设增添了一道亮丽的风景。从"文化赋能产业,品牌创造价值"的核心理念出发,以桂为标志的香产业和香文化必将热烈拥抱,蓬勃生长。

广西历史的重要时刻,玉林人从不缺席。过去如此,未来仍将如此。

曹光哲,广西壮族自治区党委讲师团特聘教授(专家)、广西壮族自治区决策咨询委员会咨询专家、广西文化旅游智库研究会理事长

"南国香都"赋

周中华

壬寅夏日，余受邀赴玉林，研讨南国香都品牌建构，得见"香里香亲"，一派"香香向荣"。干部群众，同心协力，共香未来。感此景，遂作斯赋。其辞曰：

夫南国香都者，广西玉林也。玉林一地，先秦设郡，鸿基鼎定；汉置郁林，历代因之。桂东门户，岭南都会。廓粤海而带香江，拱崖州而引要津；水陆所凑，海上丝路。背以云贵为屏，内茂八桂蘦霭！

玉林之奇，晖丽灼烁。至其山清水秀，胜景如林。莽苍林海，万象崛峙。宏周千里，翛翛谧谧。实为天地之奇观焉。然其奇之甚者，不在山水，在乎物产丰富，世称中药之谷，南国香都！其物种之广，举世罕可比肩；其香料之优，他地莫由能追。颂曰：

南国香都，香在其地。地处八桂之东，四周环山，开胸南北。外负大容山于东北，内含玉林盆地于膏腴。观其山，山或岗峦纠纷，或突兀峥嵘。峭壁嶙峋巍巍峨峨，磐石参差含溪怀谷；临其水，水则百川涓涓，泛沃野而汇聚成湖；千壑藏泉无岭不流，清冽潺潺浃荒四溢；于是乎青竹缘岭，菌桂临崖；旁挺龙目，侧生荔枝。无山不翠，红葩紫饰而更迭；无岭不果，芭蕉金橘而累累！

南国香都，香在气候。北回归线，气候宜人。无寒流之锥骨，少阴霾之翳天；无分四季，夏长冬短。迎隆冬而不凋，常晔晔以猗猗。逢夏或旬日甘雨祁祁，秋至则静美蕙风如熏；四时多深春明媚，惯常有嫩秋送爽。得益于此，千瓜百果，奇花异草，皆有其香！

　　南国香都，香在文脉。百越先祖，神州懿德；人文荟萃，昭然史籍！紫泉书院，辟雍泽远流芳至今。玉高师范，百年薪火四海绵延。时亮上疏称栋梁之士，陶成守疆换海阔民安。语言大家王力，开创现代汉语之基；酒泉总工刘庆贵，飞天圆梦探穹苍；稽古览今，钟灵之地，汇名辈藉籍；先贤后彦，生花之笔，谱时代之华章。此人文鼎盛之况，非钟灵毓秀之地不能有也；故曰：文脉实国脉也，治文犹治国也。文脉盛则物阜民丰，文脉香则万物芬芳。由此言之，南国之香，地理为基，气候中之，上者，唯文脉也！有诗云尔：

　　　　　南国有嘉木，化身八桂香。
　　　　　香国有知己，取名香桂妃。
　　　　　玉林聚伟力，江河闪光芒。
　　　　　赠君香都赋，慰我香思肠。

　　　　周中华，知名文化学者、人民网人民数据研究院原院长、
　　　　　　　　人民网《网络舆情》内参副总编

产业布局篇
CHANYE BUJU PIAN

三香生万香
——主流香料"香"当道地

汪磊

香料植物早在4500年前就被人们使用,古埃及人将香料植物用于防腐杀菌和保存尸体。我国对香料的使用大约始于春秋战国,于唐宋明清不断发展繁盛。香料用于食品不仅能去腥和上色,还能赋予食品多层次的气味和滋味。不少香料还因其独特的成分,广泛用于医药品、日用品和化妆品中。全世界至少有3600多种香料植物,目前已被开发利用的香料植物有400余种。沉香、檀香、龙涎香、麝香是我国用香文化中的四大名品,其中沉香为四大香料之首,号称"香料之王"。"五香料"即八角、桂皮、丁香、花椒、砂仁,肉桂是五大香料之首,自古也称"香料之王"。八角为著名的调味香料,我国八角的产量约占世界产量的80%,其中广西产量最高,广西也就获得"世界八角之乡"的美誉。

"三香"生"万香",三种典型的香料推动了其他香料的发展,香飘全球。

一、桂皮

桂皮是樟科植物肉桂(Cinnamomum cassia Presl)的干燥树皮,是我国的传统香辛料,也是药食两用植物。我国种植肉桂已有两千多年的历史,经过长期的人工栽培与自然选择,已经形成了许多品种或品系,种质资源丰富。对肉桂通常采用以产地或叶片颜色为特征的品种命名方法,如按产地分为西江肉桂、东兴肉桂等，按新芽颜色分为红芽桂（黑油桂）、白芽桂（黄油桂）等。

肉桂喜暖热湿润气候，生长环境要求年平均气温20℃以上，年均降水量1200毫米以上，空气相对湿度80%以上。2021年，我国肉桂种植面积约为40483公顷，产量约为72749吨，约占全球产量的30%，是桂皮的四大主产区之一。我国肉桂适宜栽种区包括广西的桂平、平南、藤县、苍梧、岑溪、容县、北流、兴业、防城、东兴、上思、宁明、那坡，广东的高要、罗定、信宜，云南的河口、屏边、金平等县（市、区）；栽培较适宜区包括广西的陆川、博白、浦北、灵山、龙州、大新、武鸣、德保、昭平、蒙山，广东的封开、郁南、德庆，云南的绿春、江城、墨江、普洱、马关等县（市、区），还有海南省和福建省东南部，四川、江西、贵州、湖南、浙江南部。我国的桂皮产品大部分作为香料出口到欧美和东南亚，少部分作为药材在国内销售和出口到日本、韩国。

（一）桂皮加工

可根据桂皮剥取部位和品质的不同得到整筒桂皮、削皮桂、桂芯条等多种桂皮产品，以不破碎、体重、外皮细、肉厚，含油量高，香气浓，断面色紫，甜味浓而微辛，嚼之渣少者为佳，所有的产品均应符合感官要求（见表1）和理化指标要求（见表2）。

① 整筒桂皮（Whole quill）：直接从桂皮树剥取桂皮，晒干或晾干后洗净，自然卷成单卷或多卷筒状。

② 削皮桂（Scraped bark）：从成熟桂皮树剥取桂皮后，再将桂皮外表皮削去。

③ 不削皮桂（Unscraped bark）：直接从成熟桂皮树剥取的桂皮。

④ 开边桂皮（Split cassia）：将整筒桂皮竖向剖开的桂皮，长度和宽度由贸易双方约定。

⑤ 桂芯条（Cassia stick）：整筒桂皮削皮切段晒干，长度由买卖双方约定。

⑥ 桂碎（Piece）：直接从桂皮树幼枝条剥取的外表皮。

⑦ 桂粉（Ground cassia）：研磨桂皮或桂碎得到的、不含添加物的粉状产品。

表1 桂皮感官要求

项目	要求
一般要求	桂皮内表面及横切面无发霉；无产品以外的物质，包括但不限于茎、叶、壳，其他植物性物质、沙土、灰层，肉眼可见的活虫、死虫、虫尸碎片和啮齿动物的残留物
气味及滋味	有较浓烈刺激性芳香气味和甜的轻微辛辣滋味，不得带有霉味、异味
颜色	削皮桂呈淡红棕色；不削皮桂呈灰棕色（部分表皮呈现植物生长过程中原有的灰白色斑纹或灰棕色斑纹）

表2 桂皮理化指标要求

指标项目	要求/%
水分（质量分数）	≤15（桂皮粉≤14）
总灰分（质量分数，干基）	≤5.0
酸不溶性灰分（质量分数，干基）	≤0.8
挥发油含量（干基）	≥1.5（桂皮粉≥1.1）
外来物（质量分数）	≤1.0

（二）桂皮的主要化学成分

桂皮含有多种化学成分，主要包括挥发油、黄酮类、黄烷醇及其多聚体、萜类、木脂素类、酚酸类、香豆素类、皂苷类、多糖类等成分，还含有无机元素及其他化合物。

1. 挥发性成分

桂皮中含有大量的挥发油类成分，占1%~2%。主要是桂皮醛，含量为75%~85%，并含少量桂皮酸、乙酸桂皮酯、乙酸苯丙酯、苯乙烯、苯甲醛、苯丙醛、β-苯丙烯醛、β-榄香烯、α-蒎烯、α-咕巴烯、石竹烯、γ-依兰油烯、α-依兰油烯、δ-荜橙茄烯、γ-荜橙茄烯、依兰油醇、蒎烯、莰烯、丁香酚、油酸、亚油酸等。桂皮挥发油成分较复杂，不同产地、不同部位、不同生长年份桂皮含有的挥发油成分及含量差异明显。

2. 非挥发性成分

桂皮中的非挥发性成分主要有多糖类、多酚类、黄酮类及其他成分。桂皮多糖组成包括D-木糖、D-核糖、D-阿拉伯糖、半乳糖、α-D-吡喃葡萄糖、D-呋喃葡萄糖等，其中D-呋喃葡萄糖的占比最大。桂皮中的多酚类成分主要有儿茶素、原儿茶酸等，黄酮类成分主要为芹菜素、山柰酚、槲皮素、芫花素等，其他成分包括香豆素及一些无机元素等。桂皮中还含有木脂素类化合物及少量具有抗溃疡性的小分子芳香族化合物和增强网状内皮系统功能、抗补体活性的多糖成分、脂类及微量元素。

（三）桂皮的药用价值

桂皮是临床常用药物，其药用始载于《神农本草经》，列为上品，"味辛温，主百病，养精神，和颜色，利关节，补中益气。为诸药先聘通使，久服通神，轻身不老。面生光华，眉好常如童子"。桂皮在《本草纲目》列于木部第三十四卷："坚筋骨，通血脉，宜导百药，久服，神仙，不老"，常用于"阳痿，宫冷，腰膝冷痛，肾虚作喘，阳虚眩晕，目赤咽痛，心腹冷痛，虚寒吐泻，寒疝，经闭，痛经"。2015年版《中国药典》收载了桂皮的挥发油，为常用的祛风药及健胃药。传统中医认为，桂皮味辛、甘，性大热，归肾、脾、心、肝经，常用于治疗虚阳上浮、命门火衰、肾阳虚弱、脘腹冷痛、冲任虚寒的闭经及痛经等症。其在传统中医复方中起到温煦的作用，如用于右归丸、金匮肾气丸、桂附杜仲丸、十全大补汤（丸）等，主要配伍意义表现在补火助阳、引火归原、通阳化气、温中止挥、温经散寒、通利血脉、通痹止痛、和阳通滞、温养气血、佐制寒凉等方面。此外，桂皮还能用于心血管疾病、胃肠道疾病、糖尿病、肾病、风湿类疾病及妇科疾病的治疗。

桂皮具有多种药理作用，对心血管系统、消化系统等具有保护作用，主要表现为扩张血管、抗胃溃疡、抑菌、抗氧化等方面。

1. 心血管系统保护作用

桂皮归心、肝经，温补气血，在中医上有"助心阳"一说，常在治疗心血管疾病的中药方剂中作为臣药，发挥益气助阳的功效。桂皮指标性成分桂皮醛能够扩张外周血管、改善血管末梢血液循环，同时能改善心肌供血，有一定的抗休克作用。桂皮酸预处理后能够减少大鼠的心肌缺血再灌注损伤，起到保护心肌功能的作用；单体香豆素也可预防静脉或动脉血栓形成，提高离体心脏的冠脉血流量。以桂皮为臣药的保元汤可用于治疗慢性心力衰竭、冠心病、缓慢性心律失常等心血管疾病，疗效确切；以桂皮醛为主要成分制成的气雾剂可治疗寒证心痛症；含有桂皮成分的复方龙氏加味温胆汤、柏子养心丸对心血管神经症亦有一定的功效。

2. 消化系统保护作用

桂皮中的挥发油对胃肠道有温和的刺激作用，能加强消化功能，疏通消化道积气，缓解胃肠痉挛，桂皮粉可用于治疗胃气胀、胃寒痛；桂皮水提液能增加胃黏膜的血流量、改善循环，从而预防胃溃疡的发生。肉桂五味散对胃病有一定的治疗作用，能够有效控制功能性消化不良的症状，治疗小儿厌食症。桂皮亦可添加入动物饲料，以加强其胃肠道运动、增进其食欲并促进生长。

3. 抗氧化作用

桂皮中有天然亲脂性的萜烯类化合物，可起到抗氧化作用；其热水提取物能够有效消除或抑制与衰老、炎症、癌症、动脉硬化、糖尿病等有关的活性氧自由基。桂皮醛能通过提高胰腺组织抗氧化酶的活性，抑制活性氧自由基等的产生，起到保护线粒体功能和胰腺细胞的作用，进而明显降低小鼠血糖水平。桂皮中的总酚类物质、槲皮苷、山柰酚等在体内和体外试验中均被证明具有良好的抗肿瘤作用。桂皮能显著降低糖尿病大鼠的肝脏指数，对糖尿病肝损伤具有一定的保护作用。桂皮醛和多酚类等成分可通过抑制炎性介质一氧化氮的合成，从而发挥解热、抗炎等药理作用。

4. 免疫抑制作用

桂皮能增强杀伤细胞的杀伤功能以及单核吞唆细胞的吞嚼功能，对各型过敏反应均有抑制作用，能明显降低非特异性免疫功能及减少抗体的产生。桂皮提取物能显著减少小鼠炭粒的廓清指数，有效降低小鼠网状内皮系统的吞噬功能，抑制抗体形成，具有免疫抑制作用。

5. 抑菌作用

桂皮对体内外细菌均有一定的抑制作用。肉桂精油可同时抑制细菌、真菌和酵母菌，且作用较强。此外，肉桂醇提物对肉品中的常见致病菌及腐败菌都有一定的抑菌活性。

（四）桂皮在食品及其他行业中的应用

桂皮可药食两用，气味芳香、略带辛烈，是卤料的重要组成部分，对卤制食品整体风味形成起着重要作用，常作为食品添加剂和调味品使用。加之桂林具有杀菌、保鲜、除臭等功能及良好的持香作用，常被研发成新型的食品防腐剂、香科、抑菌剂和杀虫剂等。

1. 食品防腐剂及香料

桂皮中的桂皮醛具有保鲜、防腐、防霉的作用，因而桂皮常作为防腐剂用于方便面、口香糖等休闲食品及面包、蛋糕等焙烤食品中。桂皮有良好的保留香气作用，常用于配制樱桃、杏、蜂蜜等型香料。桂皮酸和环己醇可催化合成桂皮酸环己酯，作为食用香料使用。肉桂油还可用于生发剂及口香糖等。

2. 抑菌剂

桂皮醛有极佳的抑菌和除臭效果，常被用于药膏、口气清新剂等，同时对大肠杆菌、枯草芽孢杆菌、金黄色葡萄球菌、沙门氏菌、变形链球菌、黏性放线菌、黄曲霉、烟曲霉、黑曲霉等亦有良好的抑制作用。添加了桂皮醛的漱口液可使唾液及舌后的厌氧菌数量显著减少。

3. 杀虫剂

石油醚萃取的肉桂醇提取物能杀灭多子小瓜虫，杀虫活性成分为桂皮醛。国外已有申请过专利的杀虫剂成品，用肉桂油驱虫天然无害。

4. 功能材料产品

聚乙烯醇桂皮酸酯是由桂皮醛的衍生物肉桂酰氯与聚乙烯醇反应制成的化合物，其感光功能良好，广泛应用于集成电路等领域。此外，肉桂油经过进一步纯化，可得到反式桂皮醛，以它为原材料可制备其他化合物的中间体，包括苯甲醛、肉桂醇、氢化桂皮酸、桂皮酸或苯甲酸，并可衍生出桂皮酸甲酯、桂皮酸乙酯、桂皮酸丙酯、桂皮酸异丙酯等化合物。

二、八角茴香

八角（Illicium verum Hook. f.）为双子叶植物纲木兰科八角属（Illicium Linn.）植物，常绿乔木，树高可达20米。叶革质或厚革质，呈倒卵状椭圆形或倒披针形，树皮灰色至红褐色，有不规则裂纹。叶面深绿色，有光泽，在阳光透视下可见密布小油点。花两性，粉红或深红色，具不明显的半透明腺点，单生于叶腋。聚合果，多由个8蓇葖果放射状排列成八角形，直径3.5~4.0厘米，红褐色，木质；蓇葖果饱满平直，先端钝尖或钝，成熟时沿腹缝线开裂。种子棕色，有光泽。大茴香别名八角茴香、八月珠，系八角果成熟后干燥制得。

八角是我国重要的"药食同源"经济树种，喜温暖、潮湿气候，产区多在北纬25°以南，环境年降水量1000毫米以上，相对湿度80%以上。冬、春旱季有露、雾，年平均气温19℃~23℃，最冷月平均气温10℃以上。八角生长以土层深厚、疏松、腐殖质含量丰富、排水良好的偏酸性土壤或砂质土壤为宜。八角原野生在广西西南部的宁明、龙州、那坡和越南东北角狭长地带的北热带季雨常绿阔叶林中。唐代孙思邈就记载过"怀香"（即八角）。在中国北纬21°20′~25°50′，东经98°~119°范围内，即东起福建、安徽，西至云南的高黎贡山，南从广西大青山和十万大山最南端，北止越城岭和大南山南麓，八角大多垂直分布在海拔1000米以下的低山丘陵地带，包括广西、云南、广东、福建、安徽、江西、湖南等七省区计90多个县（市、区）均有八角栽植，以广西为道地产地。广西地处热带、亚热带季风气候区，具有适宜八角种植的气候条件，拥有较强的地理环境优势，其八角种植面积占全国总面积的85%以上，年产量也位居全国第一。

（一）八角加工

八角树每年第一次开花在3月到4月，8月到9月果实成熟，果实直径3~4厘米，脱青处理后晒干或烘干的八角果实呈棕红色，美观，称为"大红"，俗称"正造"，果实肥大，籽粒饱满，质量好，产量较高。"正造"收获的当月又第二次开花，至第二年3月到4月果实成熟，采收后经脱青处理并晒干或烘干的八角果实俗称"角花"，果实瘦弱，品质较"正造"差，产量也低。故采收八角一般在秋、冬二季果实由绿转黄褐时。作种子用者，宜在果实尚未开裂的霜降前后采收，此时种子充分成熟，发芽能力最强，含水量低，易贮藏。没有及时采收，老熟落地自然干燥的八角即为干枝八角。大红八角、角花八角及干枝八角应符合对应的感官标准（见表3）和理化标准（见表4）。

表3 八角的感官标准

类别	等级	颜色	气味	果形特征
大红八角	一级 二级 三级	棕红或褐红	芳香	角瓣粗短、果状肉厚、无黑变、无霉变、干爽
角花八角	一级 二级	褐红	芳香	角瓣瘦长、果小肉薄、无黑变、无霉变、干爽
干枝八角	统级	黑红	微香	壮瘦兼备、碎角多、无霉变、干爽

表4 八角的理化标准

类别	等级	果体大小/（个/kg） ≤	碎口率/% ≤	杂质/% ≤	水分含量/% ≤	总灰分/% ≤	挥发分/% ≥
大红八角	一级	850	6	0.5	12.5	3.0	7.5
大红八角	二级	1200	10	1.0	12.5	3.0	7.5
大红八角	三级	不限	20	1.5	12.5	3.0	7.5
角花八角	一级	1200	3	1.0	12.5	3.0	7.5
角花八角	二级	不限	15	1.5	12.5	3.0	7.5
干枝八角	统级	不限	不限	2.0	12.5	3.0	7.5

（二）八角的主要化学成分

八角茴香挥发油（即茴香油）一般占干果总重的5%~10%；水蒸气蒸馏八角茴香果得到的茴香油的主要成分为萜类化合物和苯丙素类化合，以及少量烷酮、烷醇、萜烯醛、酯、醚类等化合物，这些化合物均具有沸点低且易挥发的特点。通过溶剂萃取法得到的茴香油除了以上成分外，还含有脂肪酸、蜡质、色素等成分。八角茴香非挥发性成分主要为有机酸（莽草酸、原儿茶酸，以及油酸、亚油酸、棕榈酸和硬脂酸等脂肪酸）。八角茴香果含有丰富的黄酮类成分，也含有少量胡萝卜苷等甾体化合物。

1. 挥发性化合物

八角茴香油主要成分为反式茴香脑、茴香醛以及少量的桉树脑、柠檬烯、α-蒎烯等。反式茴香脑、茴香醛、草蒿脑和茴香醛具有八角茴香气味，是八角茴香特征风味成分。柠檬烯具有柠檬水果气味，β-石竹烯具有木香和辛辣气味，香柠檬烯具有微弱的木香味，芳樟醇具有花香气味，这些成分对八角茴香特殊风味有一定的贡献。

2. 倍半萜内脂及其衍生物

八角茴香中含有30多种高度氧化倍半萜内脂及其衍生物，如莽草毒素，伪莽草毒素和6-去氧伪莽草毒素、八角莽草毒素A和B、红花八角素、6-去氧红花八角素、1-羟基新莽草毒素、6-去羟基-1-握基新莽草毒素、3，4-曲羟基-15a-甲基-2-氧-6-去氧新莽草毒素，3，4-去羟基-2-氧-6-去氧新莽草毒素和其他新的倍半砧类。

3. 黄酮类化合物

黄酮类化合物是八角茴香的主要活性成分之一，其存在形式为黄酮苷元及糖苷。槲皮素、山奈素和异鼠李素是八角茴香中常见的黄酮苷元类型，常与D-葡萄糖、D-木糖、L-鼠李糖等组成单糖或二糖类黄酮苷化合物。

4. 脂肪酸及其他成分

八角茴香含有丰富的莽草酸，具有一定的抗病毒作用，可用作抗病毒药物奥司他韦的合成原料。八角中含有24种脂肪酸，主要包括油酸（31.0%）、亚油酸（24.6%）、棕榈酸（21.2%）和硬脂酸（11.1%），占总脂肪酸的87.95%。八角茴香中还存在萜烯、萜醇和甾醇类等成分。

（三）八角茴香的药用价值

八角茴香作为药用植物已经有很长历史了，它以不同形式为人们使用，包括整株植物、粉末状和挥发油。八角茴香药理作用广泛，包括抗菌杀虫、消炎止痛、心血管保护、神经营养活性等。

1. 镇痛作用

八角茴香中提取的莽草酸能明显延长痛阈潜伏期，对小鼠有明显的镇痛作用。从八角茴香中分离的倍半萜类化合物对醋酸作用引起的扭体和尾巴压力疼痛有镇痛作用。

2. 抑菌作用

八角茴香水煎剂对人型结核杆菌及枯草杆菌有抑制作用。八角茴香乙醇提取物在体外对革兰阳性菌及一些常见致病真菌有较强的抑制作用。另外，其成分反式茴香醚在2mg/ml浓度下可抑制曲霉菌生长。八角茴香的抑菌作用与其所含挥发油有关。

3. 免疫及抗病毒作用

八角茴香提取液对环磷酰胺抑制的淋巴细胞增殖有较好的促进作用，并提升小鼠脾淋巴细胞的增殖能力和巨噬细胞的吞噬能力，从而加强机体的细胞免疫、体液免疫和非特异性免疫功能。八角茴香提取物还体现了一定的抗HIV病毒活性。八角茴香水提取物、乙醇提取物均表现出大于90%的抗病毒活性，是有效治疗石斑鱼虹彩病毒感染的潜在药物。

4. 升高白细胞作用

茴香脑制剂具有明显的升高白细胞的作用，犬用环磷酰胺所致的白细胞减少症，若同时服用茴香脑则可使犬全部存活，白细胞下降慢、恢复快。用茴香脑治疗因化疗、放疗所致的白细胞减少症452例，有效率分别为88.5%和87.3%。用药后骨髓细胞分裂象显著增多，成熟粒细胞比例增加。分析其作用机理是促进白细胞到周围血液中，通过反馈作用促进骨髓细胞成熟和释放，促进白细胞恢复。

5. 抗血栓作用

莽草酸有明显抗血栓形成作用。胶原引起的血小板聚集与花生四烯酸的释放和代谢有密切的关系，莽草酸通过影响花生四烯酸代谢，抑制血小板聚集，抑制凝血系统而发挥抗血栓形成作用。

6. 其他

茴香脑具有刺激作用，能刺激胃肠神经血管，促进消化液分泌，增加肠胃蠕动，缓解痉挛、减轻腹部疼痛；对呼吸道分泌细胞有刺激作用，促进分泌，可用于祛痰。茴香脑还是合成雌激素己烷雌酚的前体。

（四）八角在食品及其他行业中的应用

日常生活中，八角干果常用作食用香料，有"味王"美称，用来煮、炖、焖、烤、卤各种肉类时，能较好地消除腥味，深受消费者喜爱。在北方，八角除了用于传统的烧、卤各种肉类，在焖鱼、焖土豆、炖汤、烤瓜子上也普遍使用。可以八角干果加工粉碎的八角粉为主要配料生产五香粉、八大香、十三香等调味品。

1. 食品添加剂

八角茴油是成熟果实中提取得到的无色至淡黄色的澄清液体,在食品工业上,常用作烈性甜香酒、啤酒、饮料和糖果等的添香剂。

2. 杀虫剂

八角果实挥发油对害虫具有较高的生物活性,且有对人畜毒性很小、不污染环境等优点,是一种很有潜力的天然杀虫剂。八角果实挥发油可以抑制乙酰胆碱酯酶和谷胱甘肽转移酶活性,与其接触毒性作用相关。八角挥发油的主要成分反式茴香脑对德国小蠊成虫、头状蠓、桔小实蝇、瓜实蝇、嗜食书虱、甜菜夜蛾、蓖麻硬蜱螨虫、玉米象幼虫及成虫、桃蚜种群和马铃薯蚜群有一定的毒杀作用,对烟草甲成虫也表现出较好的杀虫活性。茴香脑的熏蒸杀卵效果显著,可强烈抑制赤拟谷盗和黄粉虫等种群的繁殖,对黄粉甲虫中期卵、螺旋蝇、白腹皮蠹的前、后期卵也有很好的毒杀效果。

3. 饲料添加剂

在动物饲养中,以八角粉为饲料添加剂,既可诱食又可驱虫,对促进动物食欲和长膘有良好作用。鱼用药饵中,可掺入八角粉。

4. 日用品配料

分离纯化八角茴香油获得茴香脑、茴香醇、茴香腈等单体香料物质,可用来配制素心兰、香薇、檀香等多种类花香型香精产品,也可用于香皂、化妆品、香水、牙膏等日化产品。添加八角茴香油制作洗发乳剂,能够治疗脂溢性皮炎,而且在一般剂量下对皮肤、眼睛和头发相对温和,刺激小。

三、沉香

沉香,又名沉水香、水沉、蜜香等,梵文名译为阿迦嚧香。传统药用沉香本质上是一类芳香树脂，是产香树木受到外伤或者细菌感染的刺激后分泌出的具有香气的树脂。日久木质朽烂后，树脂与木材紧密融合，因树脂含量较高，密度较大可沉水。

在出产沉香的各国中，菲律宾的沉香树种种类最多，印度尼西亚是沉香树种资源分布面积最大的国家。沉香属植物形成沉香最少要一二十年，含油量高的沉香更是需要几百年的时间形成。结香后易导致植物死亡，资源减少，产量难以提高。野生的沉香树只有小部分个体分泌沉香树脂，从植物外观很难辨别是否含有树脂，为了找出含有树脂的木材，经常要砍倒树干，这种做法导致大量沉香树遭砍伐，严重影响了沉香族群的生存。目前所有沉香均受到《濒危野生动植物种国际贸易公约》的规管。

沉香在年均温19℃至25℃，年降雨量1500毫米至2400毫米，相对湿度80%至88%的环境下生长发育良好。沉香在比较湿润的环境下生长较快，在干旱瘦瘠的坡上长势较差，但结香的质量好。沉香为弱阳性树种，其幼苗、幼龄期比较耐荫，不耐曝晒，在日照较短的高山环境，或在山腰密林中均适宜生长，但荫蔽也不能过大，一般以40%至50%为宜。成龄沉香期则喜光，须有充足的光照才能正常开花结果，种子饱满精壮，也只有充足的光照才能促进结香，结高质量的香。

我国沉香主要分布于北回归线附近及其以南高温、多雨、湿润的热带和南亚热带季风区，包括广东、海南、广西和云南的部分地区。由于滥伐，我国沉香树种的野生资源现呈零星状分布，存于沿海、近海丘陵低山及少量自然保护区中。为了满足市场对沉香日益增长的需求，沉香人工种植栽培已逐渐成为一种趋势。自2007年开始，广东、广西、海南、云南、福建因气候条件比较适宜，均已开展人工种植沉香活动，栽培和人工结香技术日趋成熟。

（一）沉香结香方法

中国医学科学院药用植物研究所应用解剖学、组织化学、生理学和分子生物学等多种手段，揭示沉香形成机制为"伤害诱导白木香防御反应形成沉香",即树木受到伤害后激活了白木香树的防御反应,伤害信号通过茉莉酸等途径,调控转录因子启动倍半萜等树脂类成分合成。形成的树脂逐渐封堵导管、填充木部,防止伤害进一步扩展。树脂物质和木材复合就形成了沉香。微生物侵染可以作为一种伤害,但更多时候是伤害伴随。当前常采用人工法造香,包括砍伤法、半断干法、凿洞法、打钉法等。

1. 自然结香

自然环境下,白木香树受到刺激或损伤(虫蛀、病腐、断裂、雷击等)时分泌树脂,浸润白木香木质部位,经多年沉积,形成品质极佳的沉香。但自然结香历时较长且具偶然性,天然沉香稀少难以满足市场需求。

2. 砍伤法

原理源于自然环境下的折断结香。一般选择5年生以上,树干直径大于10厘米的树木,在距地面1.5米至2米处顺砍数刀,伤口深3厘米至4厘米,刀距30厘米至40厘米。至第4年在腐烂的木质部下方产生黄褐色或赤褐色的香脂,逐渐形成沉香。人们慢慢发现,采香后在断面涂一层泥巴,不仅能让新结出的沉香较为隐蔽,而且还会加快沉香的形成。但是,砍伤法产生的油脂仅分布在断面附近,而且产量较低。

3. 半断干法

原理亦源于自然环境下的折断结香,与"砍伤法"相仿。一般选择5年生以上树木,在距树干基部1米至2米树干处锯一伤口,深度为树干直径1/3至1/2,宽度为3厘米至4厘米,俗称"开香门"。树木为了疗伤,便会自动流出树脂,聚集于伤口周围。经数年便可取香,取香后仍能继续结香。部分香农会在伤口处插入铁片或木板,以防止伤口愈合。

4. 凿洞法

原理类似于自然环境中的虫蛀产香。该法选择树龄较大的白木香树,凿洞前砍掉一部分枝条。凿的洞不宜过密,否则树木极易被风刮倒。一般情况下,在距地1米树干处凿出若干直径1厘米至1.5厘米圆形小洞,洞深

7厘米，一般为树干的1/4至1/3深，洞口相距15厘米。2年后，白木香树生长细胞将洞口密封，洞内分泌油脂，成为内包香，3至5年油脂厚度可达沉水。打洞后可用火烙伤口，或插入铁管、塑料管等，防止伤口愈合。该法所结沉香质量较好，但结香时间较长。

5. 打钉法

将铁钉钉入树干，深度为树干直径的1/3至1/2，横向距离宽为1厘米至2厘米，纵向距离10厘米至15厘米，铁钉生锈腐蚀树干，即可产生沉香。实践中打钉法对植物造成的直接伤害较小，故可用于树龄较小的白木香树。

6. 火烧法

火烧法源于自然界雷击或火烧的结香过程，较大树龄白木香树适用此法。选取5年树龄、胸径为25厘米以上的白木香树，将整棵树2/3高处树皮剥去，用喷火枪灼烧沉香树体至黑，待数月后树体爆裂，即可伐树取香。此法可达到通体结香效果，所结沉香质地结实。

7. 老根移植法

东莞香农每隔几年，便会在二十四节气的小雪时，将树桩表面结香部分锯下，剩下的树桩挖起，断老根，并重新埋入土中，隔几年便可重复取香。《本草纲目》记载："欲取之，先断其积年老木根，经年其外皮干俱朽烂。其木心与枝节不坏者，即香也。"

8. 生物法

将某种特定的菌种接种到沉香树，对结香有促进作用。生物法多选取树龄较大的植株，以10年以上为佳，采用打洞法或半断干法处理后，将菌种塞入伤口处，并用塑料薄膜包扎。当全树结香时，便可整株砍下采香。可用菌种有可可毛色二孢菌、镰孢属真菌、头孢霉属真菌、青霉属真菌、木霉属真菌等。

9. 通体结香技术

利用植物的蒸腾作用原理，将白木香树结香诱导剂通过输液装置输入孔中，再通过树体输导组织输送到树体各部位，以诱导白木香树产生沉香。12个月的通体结香沉香特征性成分相对含量与沉香对照药材相近，通体结香20个月所结沉香化学成分与野生沉香相似。通体结香技术处理时间短，沉香产量高、品质好，已成为目前我国和世界主要沉香产区应用最广泛、全程可追溯的结香技术。

（二）沉香的主要化学成分

不同树种、不同产区及不同结香方法形成的沉香，化学成分种类相似。现代植物化学和药理研究表明，沉香包含多种活性化学成分，如2-（2-苯乙基）色酮类、挥发油类、黄酮类、苯甲酮类和三萜类等。挥发油是沉香主要次生代谢产物，也是主要有效部位，具有抗氧化、抑菌、镇痛、抗炎及抗癌等多种药理活性。

1. 沉香挥发性化合物

沉香挥发油由倍半萜化合物、芳香族化合物和少量脂肪酸类等组成。其中，倍半萜化合物和芳香族化合物是主要成分，脂肪酸类化合物来自沉香中残留的白木，含量较少。倍半萜化合物和芳香族化合物决定了沉香的香味和药效。

倍半萜类化合物是沉香挥发油的主要成分，具有沉香呋喃类、桉叶烷类、艾里莫芬烷类、沉香螺烷类和愈创木烷类等多种结构类型，对中枢神经系统、消化系统、呼吸系统、循环系统等具有多种药学活性，且具有抗菌活性。芳香族化合物在沉香挥发油中所占比例较小，苄基丙酮具有镇咳祛痰、平喘的功效。

倍半萜化合物是沉香杉木香、花香和甜香味的来源。γ-桉叶油醇、瓦伦烯、白菖烯、6-愈创木烯、香橙烯等倍半萜类化合物与沉香等级密切相关。挥发油中倍半萜类化合物和芳香族化合物的比例是鉴别沉香产地及结香方法的重要指标。

2.2-（2-苯乙基）色酮类衍生物

2-（2-苯乙基）色酮类衍生物根据骨架结构，可分为5,6,7,8-二环氧-2-（2-苯乙基）色酮、5,6-环氧-2-（2-苯乙基）色酮、5,6,7,8-四氢-2-（2-苯乙基）色酮和2-（2-苯乙基）色酮四种类型，均具有不同程度的抗过敏和神经保护方面的活性。

2-（2-苯乙基）色酮类衍生物迄今仅从沉香、禾本科白茅、白羊草和葫芦科甜瓜中分离得到，且高度氧化的5,6,7,8-四氢-2-（2-苯乙基）色酮是目前仅在沉香中检测到的特定化合物，具有较好的专属性，是沉香鉴别和品质评价的重要特征成分。部分2-（2-苯乙基）色酮类衍生物受热时，降解为芳香族化合物，决定了沉香加热时的发香时间长短、香气组成和变化。

3. 其他化合物

沉香中还存在少量萜类化合物及一些杂项化合物，如三萜类化合物羟基何帕酮和常春藤皂苷元，二萜化合物泪杉醇和杂项化合物豆甾类、甾醇类、十六烷醇、十四烷醛等。

（三）沉香的药用价值

沉香是我国药用历史悠久、用途广泛的珍贵中药材，辛苦微温，被广泛用于临床。汉代本草著作《名医别录》首次收录沉香："沉香、薰陆香、鸡舌香、藿香、詹糖香、枫香并微温。悉治风水毒肿，去恶气"，以行气止痛为主要功效。至金元时的张元素、李杲师徒时才发展为"补右命门""补脾胃"。明李时珍在《本草纲目》又扩至"治上热下寒，气逆喘急，大肠虚闭，小便气淋，男子精冷"等治疗范围。2020年《中国药典》中，沉香的功效是"行气止痛，温中止呕，纳气平喘。用于胸腹胀闷疼痛，胃寒呕吐呃逆，肾虚气逆喘急"。

据《中国基本中成药》和《中华人民共和国药典》收载，中药方剂中约有300种用到沉香药材，如沉香顺气丸、沉香归附散、沉附膏、沉香鳖甲丹、乌沉汤；中成药中约有158种用到沉香药材，如沉香舒气丸、清心沉香八味散、十香暖脐膏、女胜金丹、益气养血补酒、温经颗粒、沉香化气胶囊等。

现代药理药效学研究发现,沉香在镇静安神,调节胃肠道功能,抗菌、抗炎、抗肿瘤等方面均有广泛的药理活性,其中对神经调节和胃肠道调节作用可能是最重要的两个方面。

1. 对胃肠道的影响

沉香的水煎液能使新斯的明引起的小肠推进运动减慢,呈现肠平滑肌解痉作用,抑制组胺和乙酰胆碱对肠管的收缩作用,降低新斯的明引起的肠痉挛。"通体结香技术"所产沉香乙醇提取物具有促进肠推进、胃排空作用。

2. 镇痛和镇静活性

沉香为行气药,具有行气止痛之效。沉香提取物对中枢神经系统具有抑制作用。沉香甲醇总提取物、石油醚部位和正丁醇部位均具有较明确的镇痛活性。沉香苯提取物、沉香醇提取物和挥发油均能降低自发运动活性,缩短入睡潜伏期,延长环巴比妥诱导的睡眠时间,降低直肠温度和抑制醋酸扭体。沉香中的总挥发油对成年小鼠腹腔给药后引起明显的中枢镇静效应;沉香螺旋醇具有氯丙嗪样的安定作用;α-沉香呋喃具有轻度的中枢镇静与催眠活性;白木香酸具有一定的催眠麻醉和镇痛作用。

3. 抗肿瘤活性

香精油中的倍半萜烯β-石竹烯具有抗癌、抗氧化和抗菌性能,且β-石竹烯对人结肠直肠癌细胞具有强选择性的抗增殖作用,其机制为能通过核浓缩和片段化途径诱导细胞凋亡,具有抑制肿瘤运动、细胞侵袭和肿瘤聚集的能力。

4. 对循环系统的作用

沉香具有良好的心肌保护作用,对心肌缺血模型大鼠进行沉香灌胃治疗,发现沉香给药组大鼠心电图ST段偏移值较低,心电图ST段表现显著改善。此外,沉香还能有效降低糖尿病模型小鼠的血糖。

5.对呼吸系统的作用

沉香中的芳香族成分苄基丙酮是止咳的有效成分。沉香醇提取物能促进体外豚鼠气管抗组胺作用,使咳嗽次数明显减少,哮喘潜伏期显著延长。

6.抑菌

沉香含有一些活性物质,能够起到抗菌抗炎的作用,并对食品有防腐除臭效果。国产沉香的精油能够抑制革兰氏阳性细菌菌株(金黄色葡萄球菌和枯草芽孢杆菌)活性。沉香煎剂对人体结核杆菌、伤寒杆菌、福氏痢疾杆菌均有不同程度的抑菌作用。

(四)沉香的其他应用

1.熏香制品

沉香自古就是寺庙、宫廷和贵族家庭用香的主要材料。沉香有抗菌、镇静、解痉、镇痛、平喘、降压等药理作用,用其熏香可抑菌、清新空气、提神等。沉香的香味可使人全身舒畅,经脉柔顺,气机调和。用沉香为原料可制作卧香、线香、环香、小盘香等燃香类产品,还可制作电热沉香熏香片、沉香蜡烛等。

2.收藏品

沉香被喻为"植物中的钻石",沉香常被加工为摆件、手串、香枕、扇子等工艺品。

3.日用品

常使用香片和香粉进行挥发油的提取,作为顶级香水中重要的定香剂使用,也能生产空气清新剂、按摩用香油、洗浴用香波、香皂等日用品。

4.配饰

以沉香为主料,配以其他香料制作沉香香囊,用于佩戴或悬挂。

汪磊,博士、玉林师范学院教授

产业布局篇
CHANYE BUJU PIAN

关于推进玉林中药材(香料)产业高质量发展的调研报告[1]

梁伟江

中医药是我国独具特色的健康资源,也是潜力巨大的经济来源。近年来,国家先后发布《中医药健康服务发展规划(2015—2020年)》《中药材保护和发展规划(2015—2020年)》《中医药发展战略规划纲要(2016—2030年)》等文件,出台了《中华人民共和国中医药法》《关于促进中医药传承创新发展的意见》,为中医药健康产业发展架起了"四梁八柱"。广西出台的《关于促进中医药壮瑶医药传承创新发展的实施意见》,明确指出在玉林市建设中药材壮瑶药材市场引领核心区。玉林是广西的农业大市,是"中国南方药都",有着"无药不过玉林,寻香必至玉州"的厚重底蕴,做强做大中医药健康产业有资源、有基础、有条件、有潜力。为进一步发掘玉林中药材(香料)产业资源优势,加快培育壮大千亿大健康产业,本人牵头组成专题调研组,先后召开中药材(香料)产业发展座谈会2次,深入玉林银丰国际中药港、六万大山八角基地、玉州区仁厚镇天冬种植基地、玉林中医药健康产业园等地调研,并到区内外先进地区考察学习设立综合保税区经验做法。在此基础上,经反复研讨,深入论证,形成本调研报告。

---

[1] 本文写作于2020年9月。

一、玉林市中药材（香料）产业发展状况

近年来，市委、市政府高度重视中医药健康产业发展，将其作为全市"四大千亿产业"之一重点打造，先后制定《中国南方药都（玉林）产业发展规划（2014—2020）》《关于加快玉林中医药健康产业园发展的意见》《玉林市中药材种植发展规划（2015—2025）》，有效推动中药材（香料）产业发展壮大。

（一）中药材（香料）资源丰富，基础优势明显

玉林是我国南药的主要分布区之一，境内分布中草药资源1000多种，目前已广泛种植的道地药材有天冬、鸡骨草、橘红、铁皮石斛、肉桂、八角、沉香等20多个种品。玉林是目前全国香料最多、最齐全的香料原材料产地之一，也是全国香料"定价"和交易中心，共有香料128种，国内80%、世界2/3以上的香料在玉林集散。目前，全市有中药材生产示范基地12个，重点培育的中草药种苗繁育基地5个。2019年，全市中药材种植面积50.1万亩，总产量22.67万吨，产值超20亿元。截至2020年8月底，全市中药材种植面积达到79.7万亩，同比增长5.3%。

（二）专业市场交易活跃，进出口贸易逐年增长

玉林市中药材专业市场（银丰国际中药港）是首批国家批准设立的17个国家级中药材市场之一，是广西唯一的中药材专业市场，目前有经营户2000多户，经营中药材4000多种，中药材畅销全国并出口日本、韩国、越南、泰国、马来西亚、新加坡等地，2019年营业额120多亿元，是我国重要的中药材批发集散区。2019年全市有进出口业绩的中药材香料备案企业20多家，进出口总额2.9亿元，同比增长1000%；2020年备案企业达34家，1月到7月进出口总额2.2亿元，同比增长1.5倍。其中仁济堂、康维药业、草本源、七方国际的中药材（香料）进出口额均超过1000万元。据不完全统计，每年经玉林集散和中转的进出口中药材近100万吨，交易额约400亿

元，已辐射形成覆盖广西、云南、贵州、海南等地区的中药材种植、加工、贸易、储运的产业经济带。

（三）产业基础初具规模，市场品牌名声在外

玉林中医药健康产业园是广西唯一以中医药健康产业为主的专业园区，是中国—东盟传统医药产业园、首批国家农业产业化示范基地，目前园区共签约产业项目27个，引进药品生产企业12家、药品流通企业5家、医疗器械生产企业3家、健康养老机构1家，2019年实现工业总产值48.2亿元，税收1.4亿元，2020年1月到7月工业总产值24亿元，税收1亿元。全市有规模以上医药制造企业17家，2020年上半年实现工业总产值5亿多元。在龙头企业和终端市场的拉动下，金苗农牧、农友中草药种植、洋平石斛、健宝石斛等一批新型种植经营主体快速成长。自2009年起，由中国中药协会等单位主办的中国（玉林）中医药博览会已连续十一年在玉林举办，2017年中国—东盟（玉林）中药材交易市场获广西壮族自治区服务业发展联席会议办公室认定为广西首批现代服务业集聚区，"南方药都"品牌日益响亮。

二、中药材（香料）产业发展面临的困境

虽然玉林中药材（香料）产业具有先天优势，但与先进地区相比，无论是品牌创建、质量，还是产业提质升级、对经济发展的贡献，都存在与新时代新要求不相适应的矛盾。

（一）缺乏科学顶层设计，无序发展问题突出

虽然近年制定了一些中医药产业方面的发展规划，但规划的系统性、前瞻性不够，产业发展引导不够有力，发展措施落实不够到位。同时缺乏专门统一的产业领导管理机构，比如农业部门只负责中药材种植、商务部门只负责市场管理、食药监部门只负责食品药品监督管理，产业整体上处于"九龙治水"、无序发展的状态。当前市委、市政府已经明确打造千亿大健

康产业的目标,但还没有制定专门的产业规划,大健康产业中一二三产各自发展,资源整合和产业融合都不够,产业发展合力不强,成效不明显。

(二)不是中药材进口口岸城市,进出口报关通关不便

目前北部湾经济区只有玉林没有申报海关特殊监管区域,仅有的广西七方公用型保税仓库无法满足市场需求。特别是玉林还不是国务院规定的中药材进口口岸城市,中药材(香料)进出口需要通过南宁、钦州、凭祥、东兴等口岸城市靠岸通关,报关通关周期长,运输成本高。2019年12月以后,因钦州港不属于中药材进口的港口,不能再进行报关,货物需从钦州港转运到南宁保税区通关后才能运回玉林,进口每柜药材成本增加6000元。

(三)产业配套设施不完善,仓储物流建设滞后

一是没有标准化的香料专业市场。现有的香料市场只是租用场地经营,市场不规范,扩容难度大,并且租期将于2021年9月30日到期,市场续租矛盾重、问题多,已有100多户商户转移到周边南宁、梧州、百色及湖北等地方,香料交易市场出现萎缩,现有业主强烈要求开发建设专业市场。

二是仓储物流服务与产业发展规模不匹配。由于缺乏标准的中药材(香料)仓储物流基地和冷链物流,一方面不便于"流通追溯体系"的实施与监管,影响了仓储物流效率和市场认可度,造成了税源流失。另一方面影响了中药材(香料)的安全和质量。不少经营户往往通过租用农户土地自建临时仓库或租用民房作为中药材(香料)仓库,"小、散、差、乱"问题突出,很难防尘、防潮、防虫、防鼠,温度、湿度也很难达到中药材(香料)储存的要求。除了翻晒和摊晾外,有些商户采用硫黄或磷化铝进行熏蒸来防虫、防霉变,这些问题既会造成环境污染,也降低了产品品质。

(四)产业规模档次不高,品牌优势被弱化

一是中药材、香料种植多以粗放式种养为主,大部分是个体农户散种为主的小农经济模式,现有的种植基地标准化建设程度也不高,产业规模跟不上发展需求。种产销没有形成产业链，产品销售以原材料营销、农贸模式为主，品位和附加值都比较低。

二是深加工企业不多。虽然中医药健康产业园起步较早，但发展缓慢，主导产业规模小，中药加工制造业产值达亿元以上企业仅有玉药集团一家，产业产值仍处于较低水平。全市17家规上医药制造企业，仅玉药集团一家具备自治区级创新平台，产业创新研发环节薄弱，抗风险能力较差，市场竞争力不强。

三是品牌包装塑造不够。虽然从事中药材（香料）生产销售的企业数量众多，但大多企业品牌意识不强，对商标的注册和运用不够重视，比如玉林的八角、肉桂、橘红等中药材名声在外，但没有注册相应的商标、制定相应的标准，生产处于产业链底端。曾经辉煌一时的云香精、正骨水、玉林制药等品牌，由于创新不足、升级不快、宣传乏力等原因，市场份额逐渐走低，品牌影响越来越弱，有的企业和品牌甚至被其他企业收购。虽然有"中国南方药都"的称号，但包装宣传不够，城市形象标识不明显，"药都"印象难以深入人心。

三、中药材（香料）产业高质量发展的对策建议

当前，健康中国已经上升为国家发展战略，中医药发展备受关注。玉林要抢抓发展机遇，坚持强龙头、补链条、聚集群，着力抓创新、创品牌、拓市场，加快打造全产业链，培育壮大千亿大健康产业。

（一）加强顶层规划设计，引领优化产业发展

主动对接国家、自治区发展规划，以"十四五"发展规划编制为契机，高标准编制中医药健康产业树全景图以及中药材（香料）产业发展等专项规划，全面整合资源，推动一二三产融合发展，加快形成全产业链。结合"东融""南向"战略建立高质量发展新型智库，积极吸纳社会智库、科研院所、咨询机构、社会团体、专家学者和企业家作为智库成员，

加强与粤港澳大湾区中医药产业合作，加大人才引进力度，为产业发展集聚更多智慧和力量。支持设立中药材（香料）产业研究院，强化产业规划设计，引领推进创新研发工作，特别是抓紧研究制定香料价格和质量等行业标准，申请国家地理标志，掌握行业"话语权"。

（二）尽快申建综合保税区，申报中药材进口口岸城市

综合保税区具备"无水港"功能，将口岸服务、功能延伸内陆，可以实现辖区企业在"家门口"完成报关的愿望，能够有效弥补玉林"不沿边、不沿江、不沿海"缺陷。建议市委、市政府牵头成立综合保税区申建工作专班，争取自治区开放发展相关政策延伸支持，加快玉林综合保税区申建工作，尽快争取国家支持玉林建设一类口岸和中药材进口口岸城市，推动综合保税区和口岸联动发展，拓展玉林开放发展空间。经实地调研了解，综合保税区从获国务院批复到建成封关运营的周期只有一年，玉林可采取边申报边建设的方式推进综合保税区的建设运营。考虑到区位交通和产业发展基础因素，建议选址市二环南路（白马岭公园）南面地块（约200亩）以及其周围约1500亩工业仓储用地和黎湛铁路东面、洛湛铁路南面二类工业用地约700亩，并在其中配套建设标准仓储、加工、物流等设施，待综合保税区获批后，中药材（香料）的交易、物流和深加工可作为综合保税区主体功能之一。加快推进国际香料交易中心和冷链物流园建设，建立完善中药材流通溯源体系，实现中药材（香料）贸易的圈区规范管理，建立源头可溯、过程可控、流向可追的闭环监管体系，解决溯源、仓储、冷链、物流、检测、加工等问题。

（三）大力申建"飞地产业"先行示范点，争取享受广西自贸试验区优惠政策

抢抓广西自贸试验区建设和自治区在玉林建设中药材壮瑶药材市场引领核心区的机遇，积极向自治区申请在玉林建立"飞地产业"先行示范点，争取利用"飞地产业"布局推动自贸区相关政策和功能向玉林延伸，可通过设立中药材（农副产品）产业园区、推进广西七方公用型保税仓库"两仓功能合一"等方式，让玉林能享受增加中药材（香料）进口目录、税收优惠等自贸区相关政策。针对鸡蛋花、干姜等部分常见中药材（香料）未纳入国家进口药品目录，无法在区内进口的问题，主动学习广东等先进地区的做法，尽快组织力量制定相关进口标准，推动更多常见中药材（香料）顺利报关通关。坚持药食同源、药食两用原则，对暂未列入进口药品通关目录的中药材（香料）争取按照食品进口标准进行报关、通关，不断为企业发展提供便利。

（四）精准开展产业链招商，培育壮大中医药产业

针对产业缺陷和短板，结合"三企入桂"开展大招商，加大产业优惠扶持力度，精准引入一批中药（香料）骨干企业壮大产业集群，支持龙头企业带动产业上下游企业融合发展，不断延伸产业链、提升价值链、打造供应链。发挥"中华老字号"玉林制药品牌作用，支持一批中医药龙头企业做大做强，拓宽中药材产业链，培育和建设饮片加工园区，形成中药材深加工经营链的良性循环。加快推动康臣—玉林制药整体搬迁项目、玉林制药中药提取生产项目、玉林市中西医结合骨科医院制剂中心项目、玉林市中医医院制剂室及壮瑶药制剂研发基地项目等建设，吸引更多知名医药龙头企业进驻中医药健康产业园，促进形成集聚效应。

（五）打造中医药全产业链，强化"药都""香都"品牌优势

树牢"大产业"意识，系统性规划中医药产业模块，发展多种形式中药材种植生产合作组织，打造规模化标准化中药材种植基地，为产业发展提供基础支撑。大力培育和扶持中药材精深加工产业，延伸产业链条，打造南药产业带核心区、国家生物医药重点地区和中国南方健康产业集聚区，加快形成饮片加工、中药提取物、中成药制造、健康服务等特色产业集群。建立持续稳定的多元投入机制，培育建设康臣玉药、大参林医药、市中西医结合骨科医院、市中医医院等创新平台，加大产品研发创新力度，加快正骨水、云香精等传统名药的二次开发，扶持"中华老字号"企业的老产品升级换代。支持有条件的医院发展中药制剂产业，研发推广一批中药制剂品牌。规划打造国医国药小镇或特色街区，整合提升中药、针灸、推拿、拔罐等中医药资源，打造特色国医国药品牌。注重将"南方药都""南国香都"等元素融入城市规划建设，用好新媒体和药博会、玉博会等展会平台，加大品牌宣传力度，塑造提升"药都""香都"形象。

梁伟江，广西壮族自治区十一届、十二届政协常委，玉林市政协原主席

广西中医药（香料）健康产业发展战略考虑
——以玉林市为例[1]

梁伟江

中医药（香料）是我国独具特色的健康资源，也是潜力巨大的经济来源。习近平总书记强调，要遵循中医药发展规律，传承精华，守正创新，加快推进中医药现代化、产业化……推动中医药走向世界。玉林是广西的农业大市，是"中国南方药都"，有着"无药不过玉林，寻香必至玉州"的厚重底蕴，做强做大中医药（香料）健康产业有资源、有基础、有条件、有潜力，要坚持发挥优势、守正创新、善作善成，将底蕴底牌底气转化为魅力动力活力，让历史文化的"软实力"成为经济发展的"硬支撑"。

一、中医药健康产业迎来前所未有的发展黄金期

健康中国上升为国家发展战略。近年来，先后发布了《中医药健康服务发展规划（2015—2020年）》《中药材保护和发展规划（2015—2020年）》《中医药发展战略规划纲要（2016—2030年）》等文件，出台了《中华人民共和国中医药法》，为中医药健康产业发展架起了"四梁八柱"，中医药健康产业登上了历史的新高度，迎来了发展的历史新机遇。

---

[1] 本文写作于2020年5月。

从市场需求来看,"没有全民健康,就没有全面小康",中国是有着14亿多人口的大国,随着人口老龄化趋势出现、国民健康意识提升,加之国家政策鼓励,中医药健康产业逐步成为具有巨大潜力的新兴产业,美国著名经济学家保罗·皮尔泽将其称为继IT产业之后的全球"财富第五波"。

从当前形势来看,中医药在新冠疫情防控上功不可没。可以预见,中医药发展将更加引人关注。

二、玉林中医药健康产业发展状况

玉林市委、市政府高度重视中医药健康产业发展,确立了千亿产业的发展目标,先后制定出台了《中国南方药都(玉林)产业发展规划(2014—2020)》《关于加快玉林中医药健康产业园发展的意见》《玉林市中药材种植发展规划(2015—2025)》。建成的玉林中医药健康产业园是广西唯一以中医药健康产业为主的专业园区,是中国—东盟传统医药产业园、首批国家农业产业化示范基地。康臣制药、康美药业、大参林药业、中燃集团等一批行业领军企业集聚园区,玉林中医药健康产业园正成为玉林乃至广西中医药健康产业发展的重要平台,也成为加快实施"东融"战略的重要载体。玉林银丰国际中药港是全国第一家拥有电子交易中心配套服务的中药材市场,建立了中药材流通追溯体系。中药材(香料)市场经营户3000多户,经营中药材4000多种,每年经玉林集散和中转的进出口中药材接近100万吨,交易额约400亿元。

2018年6月,在玉林建设的广西七方公用型保税仓库获得登记证书后,玉林市中药材(香料)贸易发展突飞猛进,实际成为全国最大进口药材(香料)的城市(因玉林非国务院规定的进口药材口岸城市,数据统计反映在南宁市)。仅2019年第四季度,进口中药材(香料)就达6000多吨,货值1.3亿元,纳税超过1000万元。2020年第一季度,玉林市中药材

（香料）进口量高达2000多吨，货值过亿元，纳税近1000万元，无论是市场交易量还是行业贡献值均居广西中药材（香料）行业首位，玉林始终是广西中医药健康产业发展的中坚力量。

三、玉林中医药健康产业发展面临的困难

玉林中医药健康产业发展有基础、有载体、有活力、有成效，但与先进地区或其他行业相比，无论是品牌创建、质量，还是产业提质升级以及对经济发展的贡献，都存在着与新时代新要求不相适应的矛盾，面临诸多困难。

（一）品牌意识不强

玉林的八角、肉桂、橘红等中药材（香料）名声在外，却没有成立相应的协会，注册相应的商标，制定相应的标准。曾经辉煌一时的云香精、正骨水、玉林制药等品牌，由于创新不足、升级不快等各种原因，市场份额逐渐走低，品牌影响越来越弱，已难与曾经站在同一起跑线的云南白药等品牌相抗衡，有的企业和品牌甚至被其他企业收购。广西富有特色的壮医、瑶医由于发展相对滞后，品牌打造力度不够，市场知名度和占有率不高，大有被市场遗忘的趋势。虽然玉林从事中药材（香料）生产销售的企业数量众多，但许多企业品牌意识不强，生产处于产业链底端，产品附加值不高，对商标的注册和运用不够重视，企业市场竞争力不强。

（二）物流发展滞后

由于缺乏标准的中药材（香料）仓储物流基地和冷链物流，不少经营户往往通过租用农户土地自建临时仓库或租用民房作为中药材（香料）仓库，稳定性较差。缺乏标准的仓储物流和冷链物流，既影响中药材质量和仓储物流效率，又不便于"中药材流通追溯体系"的实施与监管。特别是玉林还没有获批建设中药材（农副产品）保税物流中心（B）型，不是进口药材口岸城市，仅有的广西七方公用型保税仓库无法满足市场需求。

2019年12月以后，进口的中药材（香料）不能在钦州港报关，货物需从钦州港转运到南宁保税区通关后，才能运回玉林，大大增加了企业运输成本，严重制约了玉林中医药健康产业发展。

（三）基础工作薄弱

产业发展的基础设施还不够完善、医疗设备陈旧，县级中医院每床位业务用房面积尚未达到中医院建设标准要求。中药材检测体系不健全，检测时间过长、成本过高等现象仍然存在。一些中医院院内制剂没有得到有效流通和使用，只能在本院使用，比如玉林市中医院和骨科医院具有特色和疗效的消炎止咳合剂、跌打药水等，由于政策原因，没有得到推广应用。

（四）专业人才匮乏

玉林作为后发展、欠发达地区，中医药人才队伍对事业发展的供应不足，每万人口中医类职业医师和职业助理医师数低于全国平均水平。尤其缺乏名老中医大师级人才，在国内外有影响力的领军人才及中医药健康服务领域人才严重匮乏。由于年龄老化，学科带头人出现青黄不接现象，享有"北天津，南玉林"美誉、桂东南规模最大的专科医院——玉林中西医结合骨科医院，也出现了人才青黄不接问题。

四、玉林中医药大健康产业发展的几点构想

要深入学习贯彻习近平总书记关于中医药发展的重要指示批示精神，抓住中医药健康产业发展的"窗口期"，把中医药健康产业作为优势产业、首位产业倾力打造，以中药材、香料为支撑，打造全产业链，推动一二三产业深度融合发展，让中医药健康产业成为新时代玉林高质量发展的支柱产业。

（一）建立中药材（农副产品）贸易区

玉林是"中国南方药都"，是全国第三大中药材集散地，也是广西的农业大市，中药材种类齐全，农副产品资源丰富，产品流通面向国内外市

场，尤以东盟国家市场和粤港澳大湾区市场为主，这与习近平总书记赋予广西的"三大定位"新使命和广西自贸区的战略定位高度契合。因此，在玉林建立中药材（农副产品）贸易区既符合国家战略，吻合广西发展趋势，也契合玉林产业优势。建议着眼于玉林中医药产业发展的物流短板、仓储短板、口岸加工短板等突出问题，进一步解放思想、改革创新、扩大开放、担当实干，借鉴上海自贸区的做法，深化改革，推进广西自贸区扩容，在玉林先行先试，设立中药材（农副产品）贸易区，让玉林能享受到增加中药材（香料）进口目录、税收优惠等自贸区政策，推动广西自贸区形成"一区多园"模式。

（二）设立中药材（香料）综合保税区

玉林是目前全国香料最多、最齐全的香料原材料产地之一，有128种香料汇集玉林，八角和沉香更是广西和全国的重要产区。玉林也是全国香料"定价"和交易中心，国内80%、世界2/3以上的香料都在玉林集散。要利用好这些年来奠定的雄厚基础，抓住用好自治区在玉林市建设中药材壮瑶药材市场引领核心区的重要战略机遇期，聚焦制约产业发展的仓储物流滞后等突出问题，不等不靠、迎难而上、主动作为，全力申报建立中药材（香料）综合保税区，配套建设现代物流基地，发展冷链物流，实现中药材（香料）贸易的圈区规范管理，推进进出口中药材（香料）圈区管理，建立源头可溯、过程可控、流向可追的闭环监管体系，解决溯源、仓储、冷链、物流、检测、加工等一系列问题。同时，依托庞大的香料市场和发展基础，在玉林师范学院建设香料研究中心，抓紧研究制定香料价格和质量等行业标准，申请国家地理标志，把玉林建设成"中国香都"，努力打造"世界香都"。

（三）实施"口岸直提，属地施检"通关监管模式

目前，玉林还不是国务院规定的进口药材口岸，中药材进出口通关报关不便，所需时间较长，企业物流成本较高，不利于中医药健康产业发展。因此，要坚持解放思想、改革创新、敢于求变，大胆试、大胆闯、自主改，在玉林实施"口岸直提，属地施检"通关监管模式，推进广西七方公用型保税仓库"两仓功能合一"，享受口岸直提、属地检测、口岸加工等海关政策。同时，要将申报药品进口口岸城市列入议事日程，作为重点任务加快推进，推动玉林中药材（香料）产业迈上发展快车道。

（四）解放思想，推动更多常见中药材（香料）顺利报关通关

据了解，我们在行业发展监管上存在标准不清晰、服务不到位、创新难实施的状况，严重制约了中药材（香料）产业的健康快速发展。比如，由于鸡蛋花、干姜等中药材未纳入国家进口药品目录，在区内进口时，不能办理《进口药品通关单》，导致无法进口，大大增加了企业物流成本。广东则主动求变，制定了相应的中药材（香料）进口标准，使之能顺利报关、通关。因此，要认真按照广西壮族自治区党委书记鹿心社提出的"只要是发展有需要、基层有呼吁、人民有要求的，只要是别的省份能做、广西自己能定的，就应大胆向前冲，决不能让过时的思想束缚了我们的行动"的要求，一方面，主动对标对表先进做法，学习借鉴广东经验，真正解放思想，主动破局，尽快组织力量制定常见的，但暂未纳入国家药品进口目录的中药材（香料）进口标准，同步制定壮药发展的标准体系，推动壮药进入国家药品目录，做大做强壮药产业；另一方面，坚持药食同源、药食两用原则，对暂未列入进口药品通关目录的中药材（香料）按食品进口标准进行报关、通关，真正为企业发展提供便利。

（五）打造中医药全产业链

目前，玉林中医药产业整体发展水平较低，中医药资源挖掘力度不够，没有形成上下游产业链，对经济发展的贡献值不够高。打造中医药全产业链，要树牢"大健康""大产业"意识，统筹谋划、一体推进。依托丰富的中药材资源和产业优势，系统性规划中医药产业模块，发展多种形式中药材种植生产合作组织，大力发展中药材生态种植。进一步延伸中医药健康产业链，注重培育和扶持中药材精深加工产业，打造南药产业带核心区、国家生物医药重点地区和中国南方健康产业集聚区，加快形成饮片加工、中药提取物、中成药制造、健康服务等特色产业集群。树立"大健康＋大数据＋大平台＋大服务"理念，建立完善中药材流通溯源体系，将中药材电子交易、第三方质量检测、现代物流进行融合，实现大数据信息、现代物流、诚信认证、金融服务和交易仲裁于一体的一站式服务功能，实现溯源体系全覆盖。建立玉林市中医药保健养生服务标准化体系，将中医药优势与健康管理结合，以慢性病管理为重点，以治未病为核心，重视加强中医药人才队伍建设，加快正骨水、云香精等传统名药的二次开发，大力扶持"中华老字号"企业的老产品升级换代，强化中医院和骨科医院等医院院内制剂的流通和推广使用，探索融健康文化、健康管理、健康保险为一体的中医健康保障模式。用好用活药博会、玉博会等展会平台，建立中医药大数据信息化平台和中医药健康数据库，实现玉林、广西乃至全国中医药产业、人口健康、医疗机构、康复养生等信息互联互通，促进一二三产业深度融合发展，推动中医药大健康产业做强做大，让"中国南方药都"的名片擦得更亮、叫得更响。

梁伟江，广西壮族自治区十一届、十二届政协常委，玉林市政协原主席

"南国香都"建设助力"中国—东盟药都"创建

李唐明

香料与中药材两大产业比翼双飞是玉林千亿级大健康产业的鲜明特点。"十四五"以来,在广西壮族自治区党委、人民政府的领导下,玉林市以"四强两区一美"两湾先行试验区为发展目标,以建设中药材壮瑶药材市场引领核心区为主要任务,构建了"南方药都"与"南国香都"双产业深度融合、两品牌相互呼应的新格局,全面推动了中医药(香料)产业不断迈向新台阶。在新的历史时期,为推动"中国南方药都"转型升级,玉林市将谋划创建"中国—东盟药都"提上了议事日程。

一、玉林中医药(香料)产业发展成果

(一)"中国南方药都"市场影响广泛

玉林中药材专业市场是全国三大中药材市场之一,是首批国家级中药材专业市场,广西唯一、西南地区最大的中药材集散中心,享有"中国南方药都"的美誉;玉林同时是全国最大的香料集散地,以"南国香都"品牌引领建设。每年一届的中国(玉林)中医药博览会是闻名海内外的中医药博览会品牌,是广西促进中医药(香料)产业国际国内交流与合作和深化"一带一路"开放合作的重要平台。

(二)"中国—东盟"中药材(香料)交易活跃

玉林银丰国际中药港是全国最大的封闭式中药材(香料)专业市场,

入驻经营户2000多家，从业人员近万人，经营中药材（香料）4000多种，每年从东盟国家进口鸡血藤、凉粉草、豆蔻、番泻叶、胖大海、丁香等各类中药材（香料）货值约20亿元，南宁市作为全国最大的中药材进口口岸城市，其进口中药材90%以上为玉林药材企业经南宁口岸进口后运转到玉林市场进行集散销售。总投资40亿元的玉林国际香料交易中心已投入运营，项目可容纳2000多家商户同时进场交易，成为中国—东盟最大的现代集约型全品类香料交易中心，在"一带一路"香料交易中占据新的战略高地。

（三）玉林中药材（香料）产业基础雄厚

玉林是南方重要的道地药材（香料）主产地，种植有八角、肉桂、天冬、鸡骨草、土茯苓和沉香等50余种道地药材，截至2021年年底，全市中药材种植面积达到500万亩，其中肉桂、八角、龙眼肉、山豆根等"桂十味"产品种植面积超100万亩，是"桂十味"的主产区。传统中医与现代医学结合紧密，骨科医院、中医院等研制的几十种医院制剂效果显著。中成药企业集群化发展态势良好，玉林制药、康臣制药、康美药业、大参林药业、以岭药业、和黄医药、柳州医药等众多知名企业入园发展，云香精、正骨水等产品全国闻名。

（四）玉林中医药发展和改革成效显著

依托中医药产业的深厚底蕴，玉林医疗体系健全领先，三甲医院、中医院和专科医院数量及医疗水平在广西处于领先地位，在骨科等传统中医治疗领域享有盛誉。玉林是国家医疗联合体建设试点城市、广西中医药产业改革发展试点城市、深化药食同源商品进口通关便利化改革试点城市，在围绕中医药改革创新方面走在广西前列。

（五）玉林中医药（香料）文化源远流长

玉林素有"无药不过玉林，寻香必至玉州"的美誉。过去几十年，以全国第三大中药材专业市场、全国最大的香料集散地为支撑，玉林中医药（香料）文化不断深化传承发展，"中国南方药都"的影响力不断扩大。

2021年以来，玉林结合香料产业发展特点，创建了"南国香都"区域公用品牌，与中国"南方药都"双品牌互相呼应、互相支撑，产业影响力不断提高。

二、创建"中国—东盟药都"的必要性

玉林中医药产业在广西壮族自治区总体布局中具有重要地位，自治区人民政府下发的《促进全区中药材壮瑶药材产业高质量发展实施方案》明确："支持玉林市'中国南方药都'升级，建设玉林中药材壮瑶药材市场引领核心区。"但玉林中医药总体发展质量还不够高、融合发展水平还不够深、开放发展深度还不够足、创新发展意识还不够强的问题客观存在，有必要通过升级"中国南方药都"品牌、用好"南国香都"品牌、创新发展玉林中医药产业格局等，全面推动玉林中医药（香料）产业成为玉林转型发展的新动能，打造广西壮族自治区大健康产业发展新的增长极。

（一）有助于玉林成为深化中国—东盟战略合作的重要平台

中医药（香料）产业作为玉林传统的优势产业，外向型发展特征显著，将"中国南方药都"升级为"中国—东盟药都"，推动玉林中医药（香料）产业从传统市场经营向深化对外合作交流制度性平台建设转型，有助于促进玉林在深化中国—东盟战略合作中有为有位，有助于提升玉林国际化形象和国际化竞争水平，加快构建双循环体系，形成全方位高水平开放新格局。

（二）有助于"南方药都"产业升级

针对玉林中医药（香料）产业发展现状，将"中国南方药都"升级发展为"中国—东盟药都"，在产业升级方面将起到十分重要的作用：第一，有助于推动玉林在中国—东盟中药材（香料）原材料市场和集散市场建设上更加聚焦；第二，有助于推动玉林将原有产业从初级品向初加工、精深加工的升级；第三，有助于发挥玉林资源优势，承接国内外中医药

（香料）产业转移；第四，有助于推动玉林产业发展创新，占领进口中药材（香料）、中成药、生物制药、动物医药、药食同源等细分领域产业制高点，培育做大战略性新兴产业，全面打造广西中药材壮瑶药材市场引领核心区。

（三）有助于深入实施乡村振兴战略的重要实践

中药材（香料）种养殖根植于广阔乡村，国家深入实施乡村振兴战略，赋予了中药材（香料）产业发展新使命。通过建设"中国—东盟药都"，大力扩大中药材（香料）种养殖规模，广泛开展初深加工，有助于实现一二三产融合；通过加强对玉林本地道地药材GAP认证，建设定制药园，采取扩大种植规模与加强品质管控相结合的发展模式，有助于提升玉林产业发展质量；通过产业发展带动，广大乡村和农民在深度参与中药材（香料）种植中走向共同富裕，形成巩固脱贫攻坚成果与同乡村振兴有效衔接的良好发展局面。

（四）有助于加快打造广西区域经济发展的新增长极

中医药是广西壮族自治区和玉林市的重要支柱产业，以建设"中国—东盟药都"为契机，充分利用国际国内两个市场、两种资源，通过高水平对外开放，持续增强玉林市场"引进来"的吸引力和提高玉林企业"走出去"的竞争力，围绕中医药（香料）产业在玉林全面形成商流、物流、信息流、资金流、技术流和人才流的汇聚，推助千亿元大健康产业聚集和产业升级，有利于玉林市培育壮大发展新动能，在区域合作中加快崛起和跨越发展，形成广西区域经济发展的新增长极。

三、创建"中国—东盟药都"的可行性

（一）政策支持

党的十八大以来，习近平总书记就发展中医药事业做出一系列重要论述，为中药材产业发展赋予新要求。2019年10月25日，全国中医大会对发

展中医药做了全面部署。广西壮族自治区党委、人民政府高度重视中医药壮瑶医药事业产业发展,坚持传承精华、守正创新,推进中医药壮瑶医药和现代科学相结合相促进,不断释放广西中医药壮瑶医药发展的潜力和活力。自治区《促进全区中药材壮瑶药材产业高质量发展实施方案》明确:"支持玉林市'中国南方药都'升级,建设玉林中药材壮瑶药材市场引领核心区。"因此,建设"中国—东盟药都",是落实《促进全区中药材壮瑶药材产业高质量发展实施方案》的重要举措,有助于进一步夯实玉林市在广西中医药(香料)产业发展中的引领地位。

(二)外向特征突出

玉林是广西重要的中药材(香料)种植基地,2021年,玉林拥有各类中药材(香料)经营户近5000户,从业人员超过万人。与国内其他"药都"相比,玉林在面向东盟市场的药材、香料两大种类产品上形成特色鲜明的产业集聚,是中国南方和东盟市场各类中药材(香料)交易的重要集散地,具备打造千亿元产业的良好基础。玉林中药材(香料)企业"走出去"成果突出,在以东盟国家为主的海外市场投资建设了大批中药材(香料)种养殖基地,并构建了进出口中药材(香料)的供销流通体系。数据显示,我国每年从东盟各国进口大量中药材(香料),60%到70%是从广西口岸入境,其中玉林从东盟各国进口的中药材(香料)占全国80%以上的份额。

(三)市场需求旺盛

近年来,在中医药临床疗效显著、药物创新激励、人均医疗卫生消费支出提高等因素的驱动下,我国中药材的市场需求持续增长。2020年,全国中药材市场成交额突破1790亿元,同比增长8.75%;2021年中药材市场成交额逼近2000亿元大关。在新冠疫情的影响下,我国中药类产品进出口仍保持较高增长速度。2021年,我国中药类产品出口额50亿美元,同比增长16.5%;进口额27.4亿美元,同比增长24.1%。植物提取物、中药材、中成药、保健品的进口、出口均维持了正增长。东盟是我国中药材进出口的主要市场，玉林企业对扩大中药材（香料）国际贸易往来具有举足轻重的作用。

（四）品牌影响广泛

玉林中药材（香料）在全国乃至全球均具有较大影响力。从2009年到2021年，中国（玉林）中医药博览会已成功举办了十二届，每届药博会均有来自国内外的商家组团参加，累计成交额200多亿元，累计签订投资合同项目100多个，合同总投资额300多亿元。玉林的中药材主题会展已经成为广西促进中医药（香料）产业国际国内交流与合作和深化"一带一路"开放合作的重要平台。

（五）政府决心坚定

进入"十四五"时期以来，玉林市委、市政府以建设"四强两区一美"两湾先行试验区为目标，重点实施"制造业赶超、轻工业振兴、中医药提升"三大行动，强产业提效益，全力培育"5+6"条产业链，将中医药（香料）放到更加重要的位置来抓，着力推动玉林中医药（香料）产业更好更快发展。

四、创建"中国—东盟药都"的意见和建议

（一）并行发展中药材和香料两大特色产业

传统中药材与香料两大产业并行发展、互相补充是玉林建设"中国—东盟药都"的最大特色，也是核心竞争力所在。以传统中药材交易为主的玉林银丰中药材市场和以香料交易为主的玉林福达国际香料市场的两大市场并立、融合发展的市场格局，是玉林中药材壮瑶药材市场发展的重要支撑。要加快推进两大交易市场规模化、信息化、数字化转型，着力打造政策机制协同、监管方式科学、服务模式创新、一二三产高度融合的中药材壮瑶药材引领发展核心区。要统筹协调各方力量，加快解决两大交易市场

共性问题，集中解决重点领域、重要环节的突出问题，破除制约高质量发展的体制机制障碍。要提升完善银丰中药材专业市场功能，争取升级成为国家级中药材专业市场；要加快建设玉林福达国际香料市场，构建国际合作平台，提升产业开放发展层级。加快推进中药材（香料）专业市场制定、推广、使用中药材（香料）规格等级标准，全力将两个专业市场打造成广西壮族自治区壮瑶药材引领核心区和面向东盟市场的中药材双循环市场示范区。

（二）着力扩大中药材（香料）原料种植规模

加快建设一批道地中药材良种繁育基地，将八角和肉桂等"桂十味"、玉林道地药材和区域特色药材作为重点发展品种，规划到2025年，推广产业示范基地达到50个，全市中药材（香料）种植达到500万亩以上规模水平。创建一批以中药材（香料）为主导产业的农业产业强镇。支持玉林企业在区内外及海外投资建设中药材（香料）"飞地基地"，对在海外投资中药材（香料）项目，并将相关产品进口回国在玉林销售的企业项目给予"一企一策"专项补贴及奖励。

（三）重点开展加工集群培育行动

坚定做长中药材（香料）产业链条。重点支持做大做强中药材（香料）提取物、配方颗粒、中成药等深加工产品研发制造。把握药食同源商品通关便利化改革试点机遇，抓紧制定药食同源管理试点方案，开展药食两用试点，将药食同源市场作为新的重点领域。支持发展中药保健品，升级发展特色中药制剂，对医疗机构应用传统工艺配制的中药制剂，实行备案管理，对通过备案的中药制剂，扩大在医联体范围内应用。按照中成药研发生产要求，将正骨片、三七通脉止痛胶囊等一批销量较好的特色中药制剂升级为中成药、创新药，做大玉林制药品牌产品库。进一步优化香料园区布局，通过小微轻工业园建设，形成以八角、肉桂、沉香三大产品为主的"三香药库"产业集聚区。实施中药骨干企业培育计划，打造一批在全国具有影响力的"玉药""桂药""南国香都"品牌。

（四）加快实施商贸流通提升工程

全面升级会展服务体系。努力办好每年一届的中国（玉林）中医药博览会，以博览会和高峰论坛为载体，扩大对外交流、招商引资和产品推介的效果。增加举办香料产业博览会和香料发展高峰论坛，在细分领域和新的产业赛道形成玉林新的比较优势。加快完善流通服务体系。加快完善和建设集加工、包装、仓储、质量检验、追溯管理、电子商务、物流配送于一体的中药现代化仓储物流设施，新建1到2家中药材（香料）专业化第三方物流园区。支持开展中药材（香料）网上交易，推进中药材（香料）商品规格、信息编码、仓储物流等行业标准化，打造道地中药材电子商务平台、线上线下协同的中药材电子交易中心。积极扩大进出口贸易业务，支持开展中药材（香料）跨境电商业务。制定物流专项补贴制度，提高产业市场竞争力。加快推进玉林国际陆港申报创建。持续推进中欧班列节点城市申报及建设，加快与跨境班列衔接，力争成为跨境班列节点城市，降低企业物流成本，扩大对外贸易往来规模。加快空中通道建设速度，适时开通与东盟国家城市间国际航线。深入推进药食同源商品通关便利化改革，将药食同源商品打造成玉林扩大进出口贸易业务的细分优势产业。

（五）全面推进对外开放发展合作

加强国际合作。积极承办"中国—东盟药品合作发展高峰论坛"，扩大玉林中医药（香料）与国际交流；建设中医药（香料）出口服务基地，积极创建国家级中医药（香料）外贸转型升级基地，提升内外合作深度；鼓励有实力、信誉好的企业在以东盟为主的"一带一路"沿线国家构建中医药（香料）跨国营销网联，建设中医药（香料）经济联盟；支持中医药（香料）企业走出去，立足东盟市场，布局"一带一路"沿线国家和全球市场。加强"药都"合作。推进与安徽亳州、河北安国、江西樟树等国内"药都"的交流合作，打造产业发展共同体，形成发展合力。学习借鉴其他"药都"先进经验，试行"在其他药都可通行的做法在玉林均可借鉴实行"改革,增强改革容错空间。积极摸索通关便利化改革实践经验,以开展试点改革作为推动玉林中药材、香料产业发展及实施高层次开放经济的"新引擎";以通关便利化改革为契机,推动药食同源产品在玉林形成产业集散和全产业链发展。

(六)以"南国香都"品牌建设促进"中国—东盟药都"创建

坚持双品牌专业化运营。传承和发展"中国南方药都"良好品牌形象,将"中国—东盟药都"和"南国香都"两个品牌同步化、专业化运营,各有侧重,互相促进。打造产品品牌集群。对肉桂、八角、沉香、土茯苓等玉林名优产品,加快推进国家地理标志等申请,加大对名牌产品的申报和宣传力度。支持企业在"中国—东盟药都""南国香都"品牌统领下,创建具有企业特色的品牌,形成具有广泛影响力和市场竞争力的玉林"药都""香都"IP集群。发布产业发展指数。以市场交易为基础,通过大数据及专家前瞻性判断等,与行业龙头企业、科研机构合作,共同发布"中国—东盟药都"和"南国香都"指数,指导市场规范运行,提升市场行业影响力。

李唐明,玉林市商务局党组书记、局长

玉林市药食同源改革赋能推动香料产业升级发展

钟永东

2021年10月，广西壮族自治区把玉林、梧州作为试点，率先开展药食同源商品进口通关便利化改革。玉林市委、市政府领导高度重视，莫桦书记亲自谋划，亲自审定改革方案，亲自主持召开推进会研究解决问题；白松涛市长多次听取汇报，多次对改革工作做出指示批示。成立了以自治区政协常委、市中医药（香料）产业工作组组长梁伟江为组长的试点改革领导小组，统筹协调推进改革。范小花副市长全力指导、协调推进改革工作，2022年5月率队赴深圳洽谈中医药（香料）央地项目合作，6月与自治区知识产权局副局长杨晓东等带队到国家知识产权局商标局汇报"玉林八角"地理标志证明商标申报工作，积极争取国家知识产权局商标局的支持，目前，"玉林八角"地理标志证明商标已成功注册。在自治区商务厅、市场监督管理局、药品监督管理局和南宁海关的大力支持和指导下，玉林市全力推动药食同源改革工作取得实效，实现了食品用药食同源商品在广西每一口岸均可通关的历史性突破，广西首单在玉林成功通关，为广西乃至全国进一步深化药食同源改革提供了玉林经验。2022年9月24日，广西壮族自治区党委书记、人大常委会主任刘宁在玉林调研时对玉林市药食同源改革工作成效给予了充分肯定。

一、玉林实施改革的基础条件和香料产业发展前景

（一）玉林改革氛围浓厚

玉林富有改革基因，有着深厚的改革土壤，是广西乃至全国的改革先行区，不少领域的改革走在全区全国前列。在改革开放之初，玉林一度成为广西商品经济最为活跃、最为发达的地区之一。玉林香料贸易就是从这一时期开始得到快速发展的，经过数十年的发展沉淀，一步步建立起今天的行业和市场优势。药食同源改革是顺应中央决策部署、主动融入新发展格局的具体实践，是广西交给玉林的重大改革任务，也是玉林加快自身产业发展、开放平台建设的现实需要。近年来，广西壮族自治区党委、政府高度重视香料产业发展，2021年11月，自治区党委书记刘宁到玉林国际香料交易市场进行调研，对香料产业发展、做大做强香料市场提出了明确要求。玉林市委、市政府认真贯彻落实中央、自治区决策部署，以改革创新为动力，以产业振兴为支撑，大力做大做强香料产业，2021年建成了玉林国际香料交易市场，推动香料产业发展翻开了崭新一页。

（二）玉林已成为全国乃至全球最重要的香料集散地之一

玉林是全国全区香料原材料最多、最齐全的集散地，自古以来就有着"无药不过玉林，寻香必至玉州"的美誉。截至2021年年底，全市木本香料树种种植面积350多万亩，扎根玉林的中药材经营户1500多户，香料经营户1100多户，经营中药材（香料）品种4000多种，日常大宗交易品种1500多种。玉林被广泛誉为全国香料定价和交易中心，丁香、肉豆蔻、豆蔻等香料的定价均在玉林，世界2/3的香料都在玉林集散，玉林年交易中药材（香料）达100万吨，交易金额约300亿元，从业人员达2万多人。

（三）香料产业市场发展前景广阔

香料香精行业是国民经济中食品、日化、烟草、医药、饲料等行业的重要原料配套产业，与其他行业关联度高、配套性强。2021年，我国加工香料产品市场销售额达到10万亿元，一条成熟的香料产业链完全可以成为

一个地方的经济支柱之一。一个具备国际国内影响力的香料大宗商品交易中心可以吸引大量的资金流向当地，促进关联行业的快速发展。玉林依托中药材（香料）原产地优势，推进划行归市，形成了成熟的市场交易和流通体系，具备了产业升级的基础条件。改革前，由于药食同源商品不能以食品用途从广西进口通关，造成市场在玉林、进口在外省的困局。为降低运输成本，不少本土商户选择在进口所在地就地集散，弱化了玉林中药材（香料）市场的影响力。药食同源改革切合玉林香料产业发展的需要，有效破解了进口限制这一堵点，更好地让香料产品市场在玉林、通关在广西，有助于从更大程度上释放玉林香料行业的"洼地效应"，促进产业向更高层次的发展水平迈进。

二、改革成效

在广西壮族自治区商务厅、市场监督管理局、药品监督管理局和南宁海关的大力支持和指导之下，玉林市以药食同源改革为契机，制定集合对外开放平台建设、产业发展规划、海关监管场所建设等内容的改革方案，在立足"中国南方药都"基础上全面打造"南国香都"，推动产业提质延链，搭建对外开放合作新平台。药食同源改革从"试点"到全区铺开的两个"首单"均在玉林落地，打破药食同源商品通关难、成本高、周期长等束缚，实现广西药食同源商品进口历史性突破，有效拓宽行业发展新空间，撬动桂东南地区中药材（香料）产业大发展。2022年上半年，玉林中药材（香料）进口同比增长8.3%。

（一）药食同源商品进口通关便利化水平得到大幅提高

自广西开展药食同源商品进口通关便利化改革试点工作以来，玉林市率先推动改革，商品通关效率得到了极大优化。

改革前后通关便利性对比

事项	改革前	改革后
通关名义	只能以药品名义报关	可以食品名义报关
通关品种	0种	28种
通关口岸限定	必须从指定进口中药材（香料）口岸进口	广西区内任意口岸都可报关
通关时间	15~30天	缩短至3天，最快当天放行
允许进口的食品企业类型	0类，改革前只能以药品用途进口	在广西注册的非药品生产经营企业（食品生产和流通企业都可进口）
通关成本	较高	每柜节约3000元

玉林市药食同源改革经历了从试点到全区全面推开两个阶段。

第一阶段，成为全区改革试点。一是确定玉林市试点药食同源进口商品目录。明确进口药食同源商品的为食品用途，可按食品用途报关。二是明确试点企业条件。制定试点企业审查报备制度，具有食品生产加工资质的企业可申请成为试点，获准成为试点的企业可进口药食同源商品。三是协调口岸开放进口。试点企业凭玉林市市场监督管理局开具的用途证明及提单等手续即可在广西任意口岸通关，有效破解了企业须舍近求远走外省口岸才可通关的困境。四是优化通关流程。将药食同源进口商品通关流程简化为提交申请、开具证明、报关清关3道程序，采取提前报关的方式，最快可实现货到放行。

第二阶段，在全区全面铺开改革过程中起引领作用。一是取消了企业提供合同公证手续，2022年6月上线"单一窗口"备案系统，通关时间由最初的15天缩短到货到当天放行。二是取消进口企业必须取得食品生产许可的规定，将改革从生产领域向贸易流通领域推进，在广西注册的非药品生产经营企业均可申请进口药食同源商品。截至2022年12月9日，参与药食同源改革的企业有137家，贸易成交额达10.79亿元，中国（广西）国际贸易单一窗口药食同源商品进口备案系统共开具了28单《不予受理进口备案申请告知书》，其中21单为玉林企业申请获得，占75%。推进建立拟发展企业信息库，已登记造册391家企业。

（二）中药材（香料）产业得到快速发展

玉林以改革为切入点，以通关便利化促进贸易便利化，倒逼产业发展提质增速，同时提出打造"南国香都"品牌的构想，把中药材和香料作为既紧密联系又相互区分的两个支柱产业来大力发展。玉林市人民政府与中国食品土畜进出口商会签署战略合作协议，推动玉林市香料产业标准制定。

一是扩一产。统筹优化全市香料种植布局，2022年上半年全市扩种沉香300多亩、肉桂500多亩，八角低效林改造4万多亩，全市香料种植面积达350多万亩。研究制定八角种植、沉香苗木繁育等标准，建成北流沉香、容县肉桂、福绵八角等3个育苗基地和3个种质资源基因库。打造"南国香都"区域公用品牌，提升品牌价值，已打造容县石头镇"南国香都——肉桂八角产业重镇"、北流市六靖镇"南国香都——沉香产业重镇"等8个品牌。

二是强二产。开展一企一策服务，培育壮大优势特色香料加工企业，提供免费专业技术指导、质量把控等服务；规划建设广西玉林特色香料产业园、玉林"药食同源"加工园区，培育深加工龙头，精准引进一批深加工企业，大力发展香料产品的精深加工。聚焦中小生产加工企业实验室运行成本高、缺乏专业人才、出厂检验制度未落实等监管难题，创新模式，先行先试，支持组建食品企业联合实验室，广西首家食品企业联合实验室正正式揭牌运营。充分发挥玉林专业市场体系健全的优势，依托大型农贸市场打造香料调味食品集散中心，深入推进产销合作，帮助加工企业解决销售后顾之忧。截至2022年11月底，全市上规入统药食同源企业发展到7家，13家列入培育对象。截至2022年10月，注册持有110多个香料产品商标，专利10件。

三是优三产。打造集检验检测、金融、直播矩阵、监管仓四大板块为一体的综合服务平台，推进跨境电商建设；推动品牌与文旅IP紧密结合，努力打造在全国具有影响力的特色文旅IP。通过建设香料科普馆、沉香博物馆、产品体验馆，以及打造香料特色文化街区、推出"香文化"旅游专线、研发特色文旅产品、建设特色康养中心等举措，加快推进"药、食、疗、美、旅"产业链融合发展。2022年年初，全市推出"南国香都——寻香之旅"文旅线路19条，研发了一批文旅产品，香料产业价值链不断延伸。

（三）"南国香都"平台影响力不断增强

一是香料交易市场辐射作用更加明显。建设玉林国际香料交易市场，引导企业划行归市，截至2022年10月底，已吸引500多户商户集聚交易市场经营，其中，外籍外省商户约260户，市场影响力辐射国内外。中心项目全部建成运营后，预计年交易额达500亿元以上。规划商铺、仓库、展厅、冷库等，并配套电商、国际会展、金融服务、冷链物流、保税仓储、检测检验等功能于一体，打造中国—东盟最大的现代集约型全品类香料集散交易市场。

二是平台配套设施加快完善。加快推进玉林保税物流中心（B型）、福达保税仓等场所建设，其中福达保税仓已开仓使用，构建完善保税物流衔接通道。开通玉林至越南同登铁路国际物流班列，外贸企业可在家门口实现国际铁路联运货物进出口。创新"省市共建异地实验室"方式，与广西壮族自治区食品药品检验所共建自治区食品药品检验所玉林实验室；在香料交易市场配套建设香料科研检验检测技术中心，打造一站式高科技服务中心。

三是香料交流平台影响广泛。开创"南国香都"香料论坛，吸引香产业知名企业、专家学者、行业协会汇聚玉林，2022中国调料行业大会暨玉林国际香料高峰论坛已在玉林成功举办。推动玉林香料协会发展壮大，搭建产销平台，创建"找香料网"，到2022年10月底，为香料企业提供合作销售网点2万多个，通过与大市场、大企业、大电商的产销联动进一步壮大香料加工企业。

三、存在的主要问题和制约因素

（一）大量外贸数据仍然流向外省

开展改革后，选择从钦州等地进口通关的企业不断增加，但同时也有部分企业认为广东、浙江等地改革较早，制度比较完善，因此企业在进口报关选择上自然就形成了惯性。虽然广西也开放了部分药食同源商品进口许可，但与广东、浙江等东部地区相比，开放程度、通关效率和中介服务等还存在差距，一些需求量大的商品进口仍然选择从省外报关。

在广西区内，玉林企业和商户进口中药材（香料）主要经梧州、钦州、防城港、崇左等地通关，其中以钦州为首选，有53.8%的受访企业表示，正在尝试加大参与改革的力度，选择从钦州港报关。据统计，2022年1月至8月钦州港中药材（香料）进出口420柜，估重10000吨。市场每年对白豆蔻单一品种的进口需求就有8000到10000吨，价值5亿元到7亿元，主要从广州港口通关。白豆蔻、草果等未开放食品用途通关的商品，每年进口需求保守估计在50000吨以上，价值保守估计在20亿元以上，外贸数据大部分流向外省。

（二）开放进口品种较少

国家卫生健康委员会公布的药食同源名录包括93个品种，企业反馈广州开放了40多种，玉林试点之初，开放了21种商品进口的限制，后经广西壮族自治区有关部门支持协调，通关商品目录品种增加到28种。一方面，企业高度关切的豆蔻、决明子、砂仁、黄精等18个品种不在批准目录内，企业进口目录外的其他品种仍需到广州、青岛、宁波等地报关。另一方面，企业进口商品需要考虑品种搭配，提高单次进口重量和货值，从而达到降低运输耗时和成本的目的，广西药食同源商品目录覆盖面满足不了大型外贸企业的需求，存在目录内商品跟随目录外商品从外省报关的"连带流失"现象。

（三）通关效率不够高

广西港口运管、进出口服务整体水平与广州、宁波等国内主要港口相比仍有差距。大部分企业反映，进口药食同源商品，广东清关效率平均比广西快1到2天。一是铁路、港口、站场之间的物流信息互联互通水平还比不上东部沿海地区，一些保税港区卡口拥堵现象仍然较为严重，铁路集装箱智能化办理水平还不够高。二是船代、报关等中介服务与监管部门信息化程度不匹配，企业不能及时掌握商品进口管理规定的变化和调整，曾经出现因政策变化而不能报关，大量中药材（香料）堆积港口的现象。三是通关速率与广东、浙江等发达地区相比还有差距，申报手续涉及单位和环节多，通关查验时间长、抽样多，报关代理服务耗时长、费用高，在规范化管理、标准化运作方面还有提升空间，中介服务水平还有待提高。

（四）运输服务水平相对较低

近年来，随着西部陆海新通道等国家级战略的落地，广西全面推进开放通道建设，向海发展取得明显成效，但同时也存在一些通道基础能力建设上的短板。一是航线不够密集。公布数据显示，截至2022年7月，北部湾港内外贸集装箱航线共71条，其中外贸航线43条，内贸航线28条，而上海港、深圳港、广州港、青岛港和厦门港国内五大沿海港口枢纽的集装箱班轮航线数量都在100条以上，集装箱班轮密度在每月1000班以上。二是直达航线相对较少。香料进口主要来源地印度尼西亚、泰国、印度等国，到东部沿海主要港口的直达航线比较多，而区内企业进口药食同源商品，除了泰国曼谷和印度尼西亚雅加达等一些国家港口航线之外，其他航线大部分都需要转口。根据大部分企业的反映，海运走广东线价格更便宜，比如2022年9月底，印尼到广州费用约1400美元/柜，到钦州约1800美元/柜。三是港口到腹地运输距离短的优势没有得到充分发挥。从港口到腹地的物流衔接来看，虽然玉林前临北部湾，运输距离短，但广州港拥有货物吞吐量大的优势，广州到玉林的铁路运输、公路运输业明显更为成熟，运输班次多、价格便宜，而且广州中介公司将运输与报关服务捆绑，不但为进口企业省下大量时间和精力，而且在距离较远的前提下，商品到玉林综合耗时基本与区内运输持平。

（五）香料产业化水平不高

据统计，2021年中国香料香精产量2027吨，市场销售额525.5亿元，食品、医药、日用等加香产品市场销售额达到10万亿元。玉林作为全国全区香料主要产区和国际集散中心，香料产业化水平不高。市场主体主要从事以天然香料为主的贸易，超过95%的香料经营户从事贸易业务，香料加工企业在香料行业市场主体中的占比只有不到5%。中药材、香料精准加工短板突出，缺乏龙头企业、上规企业带动，以粗加工、小型作坊为主，产品附加值不高，对工业贡献率不大。目标招商、精准招商引资力度不够大，成效不明显，没有形成上下游配套完善的产业链。一是政策扶持仍有提升空间。还没有形成完善的政策体系支持香料产业发展，本次改革只制定了有关药食同源商品进口报关清关的管理制度，聚焦土地、技术、金融、财税等关键要素实施政策倾斜的力度稍显不足，没有形成有延续性的制度性成果和开创性突破。二是金融支撑不强。香料属于大宗商品范畴，其交易具有资金标的数额巨大、价格波动大、专业性强、定价机制特殊等特点。长期从事香料外贸业务的企业和商户，必须具备雄厚的经济实力才能保证正常经营。近年来，受新冠疫情和国内外形势快速变化的影响，外贸企业要同时面对价格波动、贸易违约、资金回收周期变长等一系列风险，需要大量资金来维持经营和争取发展。截至2022年10月，只有部分金融机构为玉林香料企业和商户制定了专属金融服务方案，累计给予香料市场主体授信金额6.4亿元，大约与一家具有一定贸易规模的企业一年的总营业额相当。企业承认存在融资困难，认为应该加大金融扶持力度，一些企业提出了完善香料行业融资和担保体系建设的建议。三是企业转型动能不足。玉林香料行业市场主体主要是以商贸为主的个体工商户，以及粗加工为主的小型作坊。以玉林香料市场为例，从市场主体内在动能来看，大部分经营户不具备成熟的现代企业管理文化，缺少资金、技术、设备、人才等方面的储备，生产经营主要以求稳为主，抗风险能力弱，转型意愿不强、动力不足。从产业配套来看，玉林现阶段的规划核心在第一产业和第三产业具有易推进、见效快等特点，但对第二产业的投入明显不足，一些促进加工生产的重要项目尚未正式落地。

四、对策建议

（一）大胆解放思想，进一步加大改革推进力度

一是扩大开放进口品种限制。对标广东、浙江等先进地区，进一步放开广西药食同源商品进口目录，将更多市场需求量大、用途广的中药材（香料）列入目录，方便企业集中进口。二是健全中药材（香料）进口标准。针对一些未纳入国家进口药品目录，无法进口的中药材，要主动求变，据此制定相应的广西中药材（香料）进口标准，使之能顺利报关通关。三是推进中医药（香料）科研检验检测机构建设。对标国家重点实验室标准，加快推进项目立项等工作，加快推进广西一流中医药（香料）科研检验检测机构建设。进一步深化区市共建实验室合作模式，加快人才储备、检验和研发能力建设。围绕科研检验检测机构搭建质量服务一站式平台，为药食同源企业提供认证、计量、知识产权、产品检验等"一揽子"质量服务，完善保税仓储检验配套，提升产品质量水平，助推企业转型升级。

（二）坚持服务优先，进一步完善开放平台建设

一是推进玉林海关监管场所建设。推动已列入广西口岸"十四五"规划的玉林铁路口岸加快落地变现，支持玉林市申建航空口岸。聚焦服务中药材（香料）等优势产业，打造具有地域特征的特色口岸，避免同质化竞争。加快保税物流中心（B型）建设，进一步提升平台配套设施水平，打造涵盖金融、期货、会展、贸易、物流一体化的综合交易中心，为跨境电

子商务、国际贸易提供免税、保税商品存储等多种形式的国际物流配送服务，不断扩大香料行业投资与贸易合作规模。二是提高报关中介服务水平。加大对报关中介服务市场的引导，全面整合中介资源，鼓励从事各个环节、各个板块业务的企业打造服务联盟，鼓励市场方统一为企业和商户提供外贸中介服务，发展更为优质和便捷的服务产品。建立快速有效的沟通渠道，及时向社会公布外贸政策的调整和变化，实现监管部门和企业信息的高度匹配。推动良性竞争，依法打击违法中介和不正当竞争行为，维护企业合法权益。三是协调增加国际航线。增加直达东南亚等地的货运航线密度，开通欧美直航，解决航线偏少无法满足企业走广西港的物流需求、不方便货物进出口等问题；完善码头配套设施，提升货物换装作业效率，改善集疏运能力，提高港口综合服务水平。

（三）加大扶持力度，进一步扩大金融服务供给

一是通过政策性引导和市场化驱动，鼓励银行等金融机构围绕国际香料交易市场、中药港市场、药食同源产业园等设立分支机构，聚焦服务中药材（香料）产业发展所需，制定专属金融服务方案，满足企业融资需求。二是加强对保税仓的管理，充分发挥保税免税功能，减轻企业加工和贸易的成本压力；发挥香料市场经营方的信用优势，为外贸企业提供融资担保，加大银行对企业授信额度。三是加快推进与大宗商品交易中心的合作，建设玉林香料交易分所，构建多品种、多模式、多层次的交易平台，服务香料大宗商品交易、交割、仓储等，探索建设订单交易、金融服务、信息发布、供应链服务、新技术推广等功能，最大限度发挥玉林香料集散地效应，提升定价话语权，为全方位对接融入RCEP提供良好条件。

（四）注重集群发展，进一步健全中药材（香料）产业链

在药食同源改革中进行全产业发展谋划，推动中药材（香料）一二三产深度融合，孵化和培育一批生产优质化、加工标准化、营销国际化的链条企业，形成有效衔接融合的产业闭环，打造产业集群。一是加快推动香料精深加工发展。以通关便利化为切入点，引导进口需求量小而散的加工企业组成联合体，实行统一备案、统一清关、统一生产，探索打造形成一个产、供、销、科、工、贸一体化发展的综合性平台。加快建设特色香料产业园、药食同源加工园区，培育深加工龙头。二是加大精准招商力度。抓好香料产业链招商。针对重点产业链上下游缺链部分进行延链、补链、强链，积极引进关键环节企业和配套企业，着力打通堵点、连接断点、畅通产业循环。三是探索制定中药材（香料）产业标准。抓住药食同源改革契机，充分利用产业优势，从种植到生产加工、从质量要求到品牌建设，探索制定中药材（香料）产业全链条标准，以标准化支撑贸易便利化，以标准化促进产业发展规范化，将玉林打造成为全球中药材（香料）生产基地、技术高地和文化中心，引领中药材（香料）产业的发展和进步。

钟永东，玉林市市场监督管理局党组书记、局长

产业布局篇
CHANYE BUJU PIAN

石头镇：实施"1028"工程打造"南国香都"产业重镇

林瑜

一、当地基本情况

广西壮族自治区玉林市容县石头镇位于容县西北部，距县城31千米，东与松山镇交界，南与北流市山围镇、民乐镇相连，西与桂平市罗秀镇、中沙镇接壤，北与罗江镇及平南县平山镇相邻。全镇行政区域面积208.19平方千米，辖19个行政村、490个村民小组，2021年年末总人口6.71万人。

二、资源优势

石头镇素有"八角、肉桂之乡"美誉，是自治区级农业产业强镇（八角）。截至2021年年底，全镇八角种植面积11.3万亩，产量约50000吨，产值约6亿元；种植肉桂面积4.6万亩，桂皮产量约8000吨，年产值约2亿元，带动脱贫户以及种植户13000多户，年人均产业增收约6000元。近年来，为应对大红八角树老化和品质提升的问题，石头镇党委、政府鼓励村民通过矮化嫁接技术对老化八角树进行升级改良。2022年第一季度，大红八角树新增嫁接改良面积约5000亩，肉桂扩种面积270亩，八角春果产量16000吨，桂皮产量2850吨。

三、工作亮点

石头镇充分利用得天独厚的资源优势，依托"扩一产""强二产""优三产"的总体目标，以发展香料产业作为助推乡村振兴的有效抓手，推广"政府+协会+龙头企业+基地+农户+N"模式，因地制宜实施"1028工程"做好香料产业发展规划，在全县乃至全市产业布局中赢得先机。2022年8月，石头镇获得"南国香都——八角肉桂产业重镇"品牌。

四、发展规划

石头镇香料产业发展规划总体思路是：通过实施"1028"工程（即"十亿二区八大工程"），全面完善八角、肉桂标准化种植、加工、仓储、物流、电商、科研等项目，走香料产业规模化、组织化、品牌化道路，实现一产产值超过10亿元，二产产值2亿元，三产产值5亿元，参与产业发展的农户每年增收10%以上，到2025年年末集体经济规模达到3000万元的最终产业发展目标。

（一）全面打造十亿元产业强镇

石头镇虽是容县八角、肉桂种植集聚区，但从八角种植情况看，还存在两个存量增长空间，一是还有4万亩左右没有嫁接，二是通过矮化套种20株/亩，单位亩产还能进一步提高。因此我们将全面推进，完成全部10万亩高枝嫁接＋矮化套种高产提升工程，使八角一产产值达到10亿元。

（二）创建"二区"示范创新项目

一是创建三产融合示范区。扩大一产规模，开展初深加工业务，繁荣商贸业务，全面推进一二三产融合示范工作。以玉林容香农业科技公司为龙头，推进5000亩连片高产高效林示范项目建设，并投资建设初深加工工厂，确保"十四五"期间实现工业上规零的突破。二是创建精深加工创新区。推进以肉桂八角为主原料的香料精深加工产业。谋划引进防城港庚源科技公司等科技型龙头企业，以该公司为龙头，在西江桂精深加工上形成突破，获得香料产业的高附加值。

（三）实施"八大工程"

一是实施低产改造工程。对全镇八角持续推进高枝嫁接、对肉桂实施密种、补种工程，规划到2025年全镇实现八角改造10万亩，亩产1万元，八角总产值达10亿元；实现肉桂密种、补种5万亩，每亩株数从600到800株提高到1200到1500株，产值从4000元/亩提升到8000元/亩，肉桂总产值达到4亿元/年。截至2021年年底，石头镇八角树嫁接面积已达6.5万亩，剩余4万亩八角高枝嫁接，每亩投资约8000元，总投资3亿元；5万亩肉桂密种补种，每亩投资2000元（每亩补种600棵），总投资1亿元。二是实施矮化套种工程。针对老八角树太高、嫁接八角枝条脆、不易采摘等问题，稳步推进矮化八角套种工程，从2023年起，逐步实施每亩套种20株，每亩投资约1000元，10万亩矮化套种投资1亿元，一方面提高单位面积产量，另一方面要用10年时间实现矮化改良替换率达到50%左右，抢占未来产业发展先机。三是实施商贸集群工程。用好一产产值规模大的资源优势，采取资源换企业、"公司＋合作社"的模式，通过企业与定点村联动模式，从2022年起逐步推进每个企业联动2个村，引入8到10家商贸企业落户石头镇，打造区域小规模交易市场，全面繁荣石头镇香料贸易。规划实施该项目后，到2025年石头镇香料商贸业务规模可达2亿元以上，并保持持续增长。四是实施初深加工工程。用好"南国香都"区域公用品牌赋能优势，计划投资200万元以及100万元设备建设香料初深加工共享工厂，推进原材料就地加工。以玉林容香农业科技初深加工为龙头，确保2年内上规。引入北京、上海等发达地区香料料包企业，采取代工模式进行生产加工，扩大工业化规模。力争用2年到3年时间，香料原材料产品轻工业化比例达到30%，3到5年产值超过2亿元。容香公司已租用同心谷小镇500余平方米独栋建筑，筹划推进加工车间建设。五是实施龙头培育工程。产业繁荣与集群形成，依靠龙头企业发展壮大。围绕石头镇香料产业转型升级，重点培育规模化种植龙头、初深加工龙头、精深加工龙头、商贸流通龙头和晒场仓储龙头企业。通过龙头带动，促进全镇产业高质量发展。六是实施完善配套工程。10亿元产业强镇的打造，需要进一步夯实产业发展配套资源。石头镇将重点打造以下软硬件配套设施：建设晒场和仓储项目，力争实现八角在本地晾晒和加工比例达到50%左右；加强行业协会带动，通过行业协会有序组织生产经营；深化金融服务支持，通过集体经济参与合作经营、推动银企合作、扩大社会资本投资规模等促进产业发展；开展溯源体系建设，保障产品质量；搭建对外展示平台，筹划建设石头镇香料展示馆；改善营商环境，招引更多优秀企业入驻。七是实施品牌提升工程。全面提升"南国香都"香料产业重镇品牌影响力，积极申报创建自治区级和国家级产业强镇。以石头镇为核心区，推动容县建设自治区级和国家级香料产业三产融合示范园区等项目。八是实施共同富裕工程。在乡村振兴战略指引下，以共同富裕为发展目标，全面带动集体经济和农村农民致富，产业发展惠及最广大农户的利益。

五、存在不足

（一）一产水平需加强

一是目前全镇矮化嫁接面积只达六成左右，在非伐区的八角树矮化嫁接也涉及砍伐指标问题，嫁接进度缓慢。二是部分八角树老化严重，缺乏管护，存在许多安全隐患，每年都发生村民上树摘八角的安全事故。三是以炭疽病为主的病虫害多发，无法得到有效根除。四是八角种植规模已基本固定，但肉桂的扩种因水源林或公益林等政策问题限制，特别是受松材线虫病疫情影响，缺乏松木砍伐指标，导致有意愿扩种肉桂的农户难找林地扩种。五是缺少自身的品牌，古龙镇有"罗马""木王"等八角苗品牌，石头镇仍需在打造自己的八角品种品牌上下功夫。

（二）二产发展水平相对较低

一是尚未形成完整的产业链，且产品的精加工、深加工和销售环节薄弱，造成产品附加值未能得到有效体现。二是产业结构不合理。八角、肉桂全身都是宝，但石头镇乃至全县仍以生产八角干果、桂皮、八角油、肉桂油为代表的中低端产品为主，没有莽草酸、无公害绿色食品防腐添加剂等精、深加工产品；在八角干果产品加工技术方面，仍以"先烫后晒"的传统方式为主，加工技术和环境都相对落后；八角油的提炼多以小作坊的形式为主，生产设备简单，加工手段落后，加工程度和原料利用率低、耗能大。

（三）基础设施建设薄弱

一是香料加工厂、仓储、交易市场、八角林道路等基础设施薄弱，入水口片区八角主产区的道路狭窄，不利于八角运输。二是八角干果晒场面积小，难以满足需求，导致80%以上八角生果外运，造成大量利润流失。三是缺少深加工、仓储基地等，缺乏相关的用地指标等问题反响强烈，没有形成产业集群效应，不利于香料加工产业的进一步发展。

六、下一步打算

（一）持续发挥政府和香料协会的引导作用，扩大一产覆盖范围

一是在现有基础上对老化低产八角林进行高产改造，继续推广良种嫁接。二是引进优质的矮化八角直生苗，逐步替换老化低产品种。三是利用现有的优良品种或培育新的良种，打造自己的品牌，已着手建立石头镇"状元红1号"品牌。四是推进八角种植规范化、标准化，在施肥、喷药、采摘等方面制定相对统一的技术标准，提高八角的抗病虫害能力和果实产量，先进行小范围试点，再逐渐推广。力争在"十四五"期间完成80%以上八角低产林改造及50%的良种推广；引导、鼓励农户扩大肉桂种植，或在原有基础上进行密植；在"十四五"期末，八角、肉桂种植规模分别达到12万亩和6万亩，为二三产持续发展提供有力、充足的原料储备。

（二）持续探索建设现代农业经营体系，做强二产延伸链条

一是积极协调香料发展所需的用地以及完善基础设施。在本地打造一个香料交易基地，同时鼓励农户商家合法建设约200亩规模的八角、肉桂晒场基地，把更多八角生果留在本地，节约运输和加工成本，努力为投资商解决加工、仓储等建设用地问题，争取上级项目完善入水口片区的基础道路，为流通提供便利条件等，为往回引流藤县、罗秀的八角、肉桂交易和生果干晒提高竞争力。二是打造特色品牌。通过引进香料精深加工的龙头企业，带动本地有实力的商家投资香料精深加工，逐步丰富产品种类和档次，增加对八角、肉桂等特色产品的加工包装，增加八角、肉桂的产品附加值，为"南国香都"品牌注入容县、石头本地特色。

（三）持续推广香料产业新业态新模式，优化三产融合基础

通过不断提升香料基础设施以及政策服务水平，发掘本地特有的香料历史文化，打造本地香料产业乡村振兴集聚区、示范带，扩大自身影响力，对接区内外各大市场，输入桂平、梧州等地的八角肉桂原料，形成集群效应，完善规模存储、物流，实现统收统销。突破传统的香料销售模式，加大对电商企业、直播带货等新兴营销方式的扶持力度，开展电子商务普及、培训活动，鼓励年轻人创业，吸纳各大经销商、种植大户、技术人员及香料电商进入石头镇香料协会，为香料电商产业注入新动能，增强一二三产融合发展合力。

林瑜，中共容县石头镇委员会书记

以"产业共同体"理念推动广西香料产业更高质量发展

梁伟江

中国是世界上最大的天然香精香料生产国,香料产量占世界的1/7。广西是我国大宗香料主产区和进出口香料主要集散地,被誉为"世界香料原料库",其中八角、肉桂、沉香"三大香"尤为突出,截至2021年年底,全区八角种植面积超过400万亩、肉桂种植面积超过120万亩、沉香种植10多万亩。尤其是玉林作为"中国南方药都"和"南国香都",中药材、香料文化历史悠久,底蕴深厚,素有"无药不过玉林,寻香必至玉州"的美誉,是全国香料最多、最齐全的香料原材料产地、集散地和香料定价中心、交易中心,其中丁香、肉蔻、豆肉蔻的定价就在玉林。玉林专门成立了中医药(香料)产业工作组,全力统筹推进全市香料产业发展,重点以八角、肉桂、沉香"三大香"为基础、以"香料产业共同体"为抓手、以镇村为支点,以"南国香都"品牌为引领,加快"扩一产""强二产""优三产",大力推进香料产业规模化、工业化、金融化。截至2021年年底,玉林香料种植面积350多万亩,从事香料生产、经营的经营主体800多家,从业人员6000多人,产业总产值约100亿元;国内80%、世界2/3以上的香料在玉林集散,香料年交易额约300亿元。

广西壮族自治区第十二次党代会提出,产业是强桂之基、富民之要,要坚持做优传统产业、做强主导产业、做大新兴产业、做实特色产业。香料产业是广西的传统产业、优势产业,做强做大广西香料产业有基础、有体量、有优势。新形势下，要全面贯彻新发展理念，充分发挥广西香料的传统优势，着力做大"香"产业，培育"香"文化，做好"香"文章，加快构建广西香料产业共同体，奋力推动香料产业更高质量发展，使之成为广西的特色产业、重要产业。

一、香料产业发展存在的困难和问题

虽然香料产业是广西的传统产业、优势产业，但也存在一些瓶颈问题，制约了产业高质量发展。比如，香料产业缺乏科学的顶层设计，存在小散乱和无序发展等问题，产业发展水平不高；体制机制不顺畅，农林部门只负责种植、商务部门只负责市场管理、食药监部门只负责监督管理，存在"九龙治水、各管一方"的问题；香料产业与乡村振兴和有关农林、二产、三产等产业政策的融合贯通不够，未能充分运用政策红利推动产业发展；市县对香料产业项目包装能力弱，有的甚至不懂项目包装，难以获取相关产业政策支持，不利于产业规模化发展；香料产业与金融结合不紧密，导致发展动力活力不足，等等。

二、做强做大广西香料产业的几点建议

鉴于上述问题，结合玉林市香料产业发展的实践探索，对广西香料产业发展提出以下建议。

（一）突出高位推动赋能，形成全区香料产业一盘棋

体制顺则发展顺，机制活则产业优。做强做大广西香料产业，建议从自治区层面高位推动，建立统一的领导机构，形成全区上下一盘棋，全面理顺产业体制机制，统筹推进全区香料产业发展，解决"九龙治水"、无序发展等问题。同时，推动各地市之间、各部门之间加强沟通与协作，加快形成产业发展合力。针对市县项目包装能力弱的问题，加大相关专业人才培养力度，及时选派专业人员到市县加强项目包装的培训。注重抓好乡

村振兴、国家储备林、PPP项目等相关产业政策的统筹运用，用好用足各方政策，推动产业高质量发展。

（二）突出产业融合赋能，全力打造香料产业共同体

坚持全产业链发展是实现高质量发展的根本出路。做强做大广西香料产业，建议自治区层面牢固树立"产业共同体"意识，突出以"香料产业共同体"为抓手，以市县为支点，统筹加强全区香料产业的顶层规划设计，根据各地市的资源禀赋，强化差异化发展，形成一市一特色、一县一产业良性发展格局。注重培育产业"领头雁"，加强对各地市香料产业的扶持，支持各地创新破解产业发展难题。比如，大力支持和指导玉林建设综合保税区、玉林铁路口岸，并争取突破在玉林这一内陆口岸创新设置中药材进口通关口岸，同时推进"药食同源"商品通关便利化改革试点，由"以食品生产加工用途进口"向"商贸流通"领域延伸拓展，更好地解决中药材、香料报关通关等难题，把玉林打造成为广西香料产业"领头雁"。注重加强香料产业与金融元素的对接，强化金融引领发展，比如，大力支持玉林立足全国最大香料集散地的优势，进一步优化玉林农村产权交易中心交易功能，在玉林建设广西香料交易中心，以金融拉动香料更高质量发展。

（三）突出文化引领赋能，打响用好香料区域公用品牌

文化是产业的灵魂，品牌是提高竞争力的关键。做强做大广西香料产业，建议自治区层面坚持以文化为引领，大力支持各地市因地制宜打造打响"南国香都"等"香文化"品牌，通过品牌引领推动香料产业与文化产业深度融合，着力打造产业发展新生态，更好地把"舌尖上的文化"品牌"树起来""推出去"，让文化的"软实力"成为经济发展的"硬支撑"，推动实现香料与文化产业融合发展的质量变革、效率变革、动力变革。

梁伟江，广西壮族自治区十一届、十二届政协常委，玉林市政协原主席

广西中医药（香料）产业升级发展思路
——以玉林市为例

梁伟江

中医药是中华文明的瑰宝，凝聚着中国人民和中华民族的博大智慧。中医药产业"一头连着民生福祉、一头连着经济发展"，是朝阳产业、幸福产业。近年来，玉林市坚持把发展中医药作为支柱产业摆在突出位置，出台了一揽子积极政策，为中医药事业发展注入了"一池春水"，全市中医药产业正朝着千亿产业目标加速进军。据统计，每年经玉林集散和中转的进出口中药材（香料）近100万吨，交易额约400亿元，玉林成为全国最大的进出口香料集散交易市场和全国香料定价中心，中医药产业迈出了新步伐、取得了新成效。但与新阶段新形势新任务的要求相比，制约产业高质量发展的一些突出问题亟须解决。

一是体制机制还不够活。中医药产业涉及卫健、市场、农业、执法等方方面面，哪一个环节不顺畅都将直接影响发展。一方面，缺乏专门的协商协调机构，无论在对上汇报工作、争取政策，还是在本级统筹推进、统一管理协调各方都缺乏有力抓手。另一方面，在管理上"铁路警察各管一段"，卫健部门管医院、市场监管部门管审批、综合执法部门管执法，存在多头管理、交叉管理，多头执法、重复执法"九龙治水"管理现象，导致"看得见的管不着、管得着的看不见"问题。

二是物流业还不够发达。玉林不沿江不沿海不沿边，不是进口药材口岸城市，也没有获批建设综合保税区，物流业的滞后严重制约了强大市场活力的激发。据了解，玉林药商进口的药材从钦州港报关后还需经南宁运往玉林，仅一个货柜就增加了6000元的成本，严重影响了产业的创新发展。

三是产业链还不够丰富。品牌意识不强、产业链不全、附加值低是制约中医药产业高质量发展的"拦路虎"。虽然玉林从事中药材（香料）生产销售的企业数量众多，但许多企业品牌意识不强，生产处于产业链底端，发展较为粗放，企业市场竞争力不强。曾经辉煌一时的云香精、正骨水、玉林制药等品牌，由于创新不足、升级不快等各种原因，市场份额逐渐走低，品牌影响越来越弱，已难与曾经站在同一起跑线的云南白药等品牌相抗衡，有的企业和品牌甚至走到被收购的地步。

广西山清水秀生态美，拥有中药资源7000多种，物种基源种数位居全国前列，玉林作为"中国南方药都"，发展中医药产业有资源、有载体、有优势。世界正处于百年未有之大变局，东盟已成为我国第一大贸易伙伴，东盟国家也正是广西中医药特别是香料进出口贸易最大的合作伙伴。无论从贯彻新发展理念出发，还是立足加快形成以国内大循环为主体、国内国际双循环相互促进的新发展格局，中医药产业发展都迎来了新的"春天"。为进一步发挥玉林作为广西中医药产业改革发展试点城市的作用，做大做强玉林中医药产业，突破带动全区中医药产业高质量发展，提出以下建议。

一是着力破除体制机制障碍，激发创新发展动力活力。体制顺则发展顺，机制活则产业优，简约高效、运行顺畅的体制机制是产业发展的有力保障。建议从自治区层面统筹理顺全区中医药产业发展的体制机制，指导各市建立中医药产业发展议事协调机构和统一服务联络工作机制，构建统一领导、职责明晰、各负其责、运行顺畅的体制机制，强化对产业发展的统筹、领导、管理和服务，着力解决"九龙治水"的问题，真正形成产业发展的强大合力。

二是着力构建现代物流体系,推动中医药产业升级发展。高效的物流环境是产业发展的重要一环。建议加大玉林作为广西中医药产业改革发展试点城市的服务力度,支持玉林建立中药材(农副产品)贸易区,充分借鉴上海自贸区的做法,深化改革,推进广西自贸区扩容,在玉林先行先试,设立中药材(农副产品)贸易区,让玉林能享受到增加中药材(香料)进口目录、税收优惠等自贸区政策,支持玉林发展"飞地经济",推动广西自贸区形成"一区多园"模式。支持玉林设立中药材(香料)综合保税区,加快推进中药材壮瑶药材市场引领核心区建设,全力支持申报建立中药材(香料)综合保税区,配套建设现代物流基地,发展冷链物流,实现中药材(香料)贸易的圈区规范管理,推进进出口中药材(香料)圈区管理,建立源头可溯、过程可控、流向可追的闭环监管体系。支持玉林实施"口岸直提,属地施检"通关监管模式,推进广西七方公用型保税仓库"两仓功能合一",支持享受口岸直提、属地检测、口岸加工等海关政策,推动玉林中医药产业迈上发展快车道。

三是着力推进全产业链发展,全面提升中医药"形实魂"。坚持全产业链发展是实现高质量发展的根本出路。在新发展阶段推进高质量发展,必须树牢"工业树""产业林"意识,开展补链强链延链专项行动,着力锻长板补短板。着力塑造中医药健康产业之"形",搭好产业构架,全面加强服务中医药健康产业发展的基础配套设施建设,做强专业市场,做大专业园区,不断提升市场化专业化品牌化水平,建立起中医药健康产业发展的"四梁八柱"。着力充盈中医药健康产业之"实",牢牢把握扩大内需这个战略基点,依托强大的国内市场,大力发展中药材生态种植,提高原材料供给水平。注重培育和扶持中药材精深加工产业,加快正骨水、云云香精等传统名药的二次开发,大力扶持"中华老字号"企业的老产品升级换代。推进外延式发展,建立玉林市中医药保健养生服务标准化体系,将中医药优势与健康管理结合,以慢性病管理为重点,以治未病为核心,探索融健康文化、健康管理、健康保险为一体的中医健康保障模式,促进一二三产业融合发展。着力筑牢中医药健康产业之"魂",加强系统性谋划,深入开展中医药文化建设,把中医药厚重的文化研究透、挖掘好、利用好,唤醒对中医药文化的认知,增强文化自信,在全社会形成中医药健康产业发展共推共助的良好局面,切实把底蕴底牌底气转化为魅力动力活力,让历史文化的"软实力"成为经济发展的"硬支撑"。

梁伟江,广西壮族自治区十一届、十二届政协常委,玉林市政协原主席

构建广西八角、肉桂产业发展新格局

何华沙

八角和肉桂两大产品在广西具有独特而丰富的内涵，主要体现在两个方面，一是广西的八角和肉桂在全国乃至全球的种植面积和产量上均具有绝对领先地位，广西因此享有"天然香料王国"的美誉，国内外最大的香辛料贸易走廊、交易市场均在广西；二是八角和肉桂与广西"八桂"之称密切相关，具有丰富悠久的历史底蕴，从文字密码角度看，或许八角和肉桂产业的振兴，是驱动广西在新时代走向全面繁荣的重要动力。

从当前发展情况看，广西需要在认知层面、操作层面、战略谋划层面等进一步解放思想、改革创新，形成新思路、新方法，才有较好地实现"扩一产""强二产""优三产"的目标，全面构建起八角和肉桂产业高质量发展的新格局。

一、落实规划，夯实家底是广西八角、肉桂产业高质量发展的立业之本

（一）广西八角、肉桂产业发展宏伟蓝图振奋人心

从官方文件和发布的数据看，八角和肉桂是广西的支柱产业和亮丽名片。2021年7月发布的《广西壮族自治区人民政府办公厅关于规范生产经营推动八角产业高质量发展的通知》（桂政办发〔2021〕58号）中指出："广西是我国八角原产地和主产区，在全国八角生产中占有主导地位，八

角种植面积和产量占比均超过80%。"广西壮族自治区人民政府办公厅发布的政策解读中又进一步提道："八角是食用香料和香料工业、药用工业的重要原料，我区八角干果年产量占全国的90%左右，是我区广为种植的传统经济林树种。2019年，广西八角产量就已达到17.3万吨，产值近34.6亿元，发展潜力巨大。"2021年12月20日，广西举行实施林业绿色产业高质量发展新闻发布会，自治区林业局产业处处长冷光明介绍："……进一步推进八角、肉桂、香樟等为主的香料原料林基地建设。在八角重点产区防城区、金秀县、藤县、宁明县、浦北县、右江区、凌云县、那坡县等地方建设一批八角高产高效示范基地，全区规模保持在400万亩以上。在玉林、梧州、贵港、崇左、防城港等区域建设肉桂原料林基地，全区规模保持在120万亩以上。……持续推进其他香料原料林基地建设。"从以上可以看出，八角、肉桂在全区原料林建设中具有重要地位。

（二）广西八角、肉桂产业发展基础薄弱，面临危机

依托庞大的产业规模基础，广西的八角和肉桂产量在全国始终具有绝对主导地位。但根据我们2022年前后对玉林市、防城港市、钦州市、来宾市和百色市共十余个八角、肉桂种植重点乡镇的现场调研，产业发展状况不容乐观。主要表现在四大方面。

一是全区八角病患严重，大面积产量低甚至不结果。据不完全统计，广西近一半的八角林地因患炭疽病少结果或不结果，其中，玉林官方统计八角种植面积60余万亩，但实际得到管护并且丰产丰收的林地面积不超过20万亩；具有"中国八角之乡"之称的金秀县八角种植面积约30万亩，大部分因患病处于长期荒弃状态；百色约170万亩八角中，也有一半以上未得到管护；防城港100余万亩八角、肉桂混交林，八角平均每亩产值仅1000元左右。产量低、价格波动大，导致广大果农投资、管护八角的意愿不强烈。

二是肉桂种植周期长，收益偏低，农户种植肉桂积极性不高。广西大部分肉桂种植株距为1米左右，密度为每亩600株到800株，种植8年开始剥桂，综合收益偏低。而与广西相邻的广东罗定等地区，其民间种植肉桂密度为0.5米左右，种植密度高达每亩1500到2000株，管护成本大幅下降，种植满4周年即可剥桂，效益与广西种相比高出很多。

三是与八角和肉桂相关的重大科技成果缺乏，解决八角病虫害、八角采摘、肉桂剥桂三大问题的关键技术成果稀缺，严重制约了产业的发展和产能的提高。

四是社会资本投资八角和肉桂产业偏少，千亩以上规模化经营较少，生产效率普遍偏低；龙头企业严重缺乏，没有一产产值亿元以上企业。

（三）增产增收是广西香料产业发展的首要任务

按照理想值计算，八角种植面积400万亩，按产量每年每亩800到1000斤计算，全区年产量应达到160万到200万吨，但目前产能仅为理想值的十分之一，增产增收任务艰巨。八角、肉桂增产增收要从两方面着手。

一是构建"病虫害防治＋高枝嫁接＋矮化良种套种"结合模式，用2到3年完成200万亩低效低产林改造，产值每亩3000元，全区八角年产值超过60亿元，一产产值实现倍增；与此同时，用3到5年实现矮化改造和矮化替换，夯实可持续发展基础。

二是全面推广广东肉桂种植模式，按照每亩1500株左右的密度进行种植，扩大种植规模，达产后肉桂产值每年每亩5000元，以100万亩规模为基数，每年肉桂产值达50亿元。八角和肉桂一产产值达到100亿元，广西打造天然香辛料产业集群、产业高地的宏伟目标才能变成现实。

二、找准定位，分步实施是广西八角、肉桂产业转型升级的必由之路

（一）准确认识广西八角、肉桂在香料产业中的地位

根据我们对市场的调研分析，对广西八角、肉桂产业地位有几点判断。

一是不可或缺性。广西八角、肉桂在全国香料产业中不可或缺，是五香粉等固态调味料必不可少的主要原料。

二是相对小众性。对下游生产加工企业而言，大蒜、辣椒、花椒等在调料品生产中需求量更大。根据我们对香料产业集聚区山东德州乐陵市的调研，大多数香料生产企业对八角和肉桂原料需求的比重不超过10%。

三是价格波动性。八角和肉桂产品尚未出现大经销商控货控价现象，价格涨幅波动更多是常规市场需求波动影响所致，一年内最低价格与最高价格差常达到一倍左右。因为单一企业需求量相对少而又必须购买，价格的波动对企业生产成本的影响不大，因此下游生产企业对八角和肉桂的价格敏感度不高。

（二）找准广西八角、肉桂在香料产业链分工中的定位

按照"强链延链补链"的思路，社会各界普遍希望广西以八角和肉桂两种优势产品为龙头，依托"天然香辛料王国"的丰富原料资源，快速实现"强二产"产业升级，打造产业集群和系列产品，形成新的优势产业。但从我们调研行业发展情况分析，找准现阶段广西八角、肉桂在香料产业链分工中的定位至关重要，如果盲目追求上工业、搞精深加工，效果可能欠佳，效率可能不高。立足广西"天然香辛料王国"和香辛料进出口大通道的资源优势、区位优势，结合产业基础，广西在推进八角、肉桂"强二产"中可重点分两步走。

第一步，输出标准化、工业化原料产品。全域推进八角和肉桂初加工工程，通过打造区域公用品牌、建立地方标准、规范八角和肉桂生产加工流程、规范市场竞争秩序等途径，初步实现从初级农产品向工业化产品的转型，以标准化提高产品附加值。鉴于广西八角和肉桂两个产品的独特性和"硬通货"属性，这一步实际上也是广西培育做大龙头企业、掌握产业话语权、为今后提高精深加工水平打基础的关键一招。

第二步，输出品牌化、高科技含量的复合产品。深化以八角和肉桂为主的天然香辛料深加工工程，推进产业集群建设，支持企业引进新技术生产线，提高八角和肉桂深加工产品比例，鼓励企业开发各类食品、日化品、保健品、药品等系列产品；鼓励扶持企业、科研院校开展产品研发和药用提取工作，打造药用提取基地；开发营养健康食品和医药产品，研发和生产一批含有肉桂、八角等天然香辛料成分的中成药产品。

三、综合施策，多措并举是推动广西八角、肉桂形成优势产业的根本保障

从调研看，广西及各地市在将天然香辛料打造成新兴优势产业方面的期望较高但力度还不够大，手段还比较单一，还有很多操作工具可用，因此也可以看出发展空间十分巨大。

（一）加强规划引领，强化规划执行，提高相关领导干部和责任部门对发展产业的认识水平

从我们调研的情况看，因为家底不清楚，路径不明确，各级领导干部无法准确研判，从而导致八角和肉桂产业发展获得的支持和推进力度不够，严重制约了产业可持续发展。因此，除自治区的指导性意见外，各地市有必要结合自身实际编制产业发展规划，绘制产业发展全景图，并加强规划宣贯，统一发展共识，避免形式主义，避免空话套话，避免流于形式。

（二）用足政策红利，用好金融工具，增强八角和肉桂产业投资能力和造血功能

发展八角和肉桂产业是广西深化乡村振兴战略实施的重点产业方向，但受农业产业投资风险高、不确定性因素大等影响，各地应在用足政策红利、用好金融工具方面多做文章。一是用好国家储备林贷款项目政策，以长周期、低成本资金保障产业发展资金需求。二是用好乡村振兴衔接资金，在重点生产区域加大衔接资金扶持力度，发挥产业联农带农富农作用。三是用好乡村振兴基础设施补短板项目，专项扶持涉及八角和肉桂的

产业基础设施建设项目。四是发挥平台公司作用，补足仓储、冷库、质检、科研等基础设施短板，采取结构化模式，为香料产业企业提供多种类、多渠道服务保障。五是成立专项产业基金，推动八角和肉桂产业规模化投资，尽快培养一批行业龙头企业。

（三）强化科技赋能，以创新驱动引领产业健康发展

尤其要重点在四大方面形成科技创新突破。一是解决八角病虫害问题，让数百万亩八角健康生长，丰产丰收。二是解决八角采摘难问题，加强工程机械、人工智能等装备研发，帮助农民实现半自动、自动化和智能化采收，解决人工缺乏、采摘风险高和效率低的突出问题。三是解决肉桂剥桂难问题，尽快实现手工剥桂向机械化剥桂和智能化剥桂的转变。四是加强产学研合作，推动八角和肉桂精深加工技术创新，加强成果转化，为开发更多优质产品提供全生命周期保障。

（四）打造产业强镇，以建设一批重点生产基地夯实产业发展基础

做强做大广西八角和肉桂产业的基础在乡镇，希望也在乡镇。八角和肉桂种植具有集中连片的特点，各八角和肉桂重点乡镇，种植面积都在10万亩左右，通过低效低产林改造和引入科学种植、管护办法，可以全面提高单位产量产值；通过村集体经济、乡村振兴衔接资金的参与，可以快速建设一批村级初加工车间；通过资源换产业、构建香料产业共同体等，可快速打造一批10亿元香料产业强镇、一批5亿元香料产业示范镇、一批1亿元香料产业重镇，培养做大一批种植龙头企业、商贸龙头企业、初加工龙头企业，从而实现乡村产业振兴，全面繁荣发展，带动广大农民共同富裕。

（五）深化文化创新，增强产业发展自豪感和责任感

广西八角和肉桂产业发展具有悠久历史和深厚文化底蕴，要进一步深挖"海上香料之路""天然香辛料王国""南国香都"等文化内涵，开展八角肉桂香辛料制作技艺和相关故事传说、民俗活动的挖掘、整理工作，积极申报一批区县级、市级和自治区非物质文化遗产代表性项目和代表性传承人，全面增强广西各族人民和各级领导干部产业发展的自豪感和责任感，为建设新时代壮美广西做出新的贡献。

何华沙，武汉大学经济学博士、国家科技专家库专家、
玉林师范学院商学院高级经济师

港玉合作，推进肉桂、八角产业提档升级

林霞

防城港市、玉林市的肉桂、八角产业都具有显著优势和特色，在广西都有着举足轻重的地位。随着防城港国际医学开放试验区建设的推进和广西《关于推进新时代林业高质量发展的意见》的实施，肉桂、八角产业迎来了新的发展机遇，两地产业发展和合作空间空前拓展，两地在资源与市场、加工与营销、投资与品牌打造全方位深化合作，将极大推动两地产业扩量升级，提升行业地位，实现产业高质量发展。

一、港玉两地肉桂、八角产业具有显著优势和特色

（一）肉桂、八角是防城港市传统特色优势产业

防城港市是世界肉桂八角重要产地，具有发展肉桂八角产业得天独厚的资源优势。据统计，截至2021年年底，广西肉桂种植面积120万亩，年产桂皮约2.5万吨，桂油2500吨，占全国总产量60%以上，占世界总产量的30%。其中防城港种植面积64.83万亩，年产桂皮10823吨、桂油716吨，八角500余万吨。全区八角种植面积超过400万亩，年产量50000到80000吨，占全国85%、世界65%；茴油年产1500余吨，占全国90%、世界80%。其中防城港种植面积66.05万亩，年产干八角20000吨，茴油300

吨，占全区五分之一。

防城港肉桂、八角分别有500年和300年的种植历史，素以生产"东兴（防城）桂""防城大红八角"闻名中外。"东兴（防城）桂"肉厚、油多，一直被认为是品质最好的肉桂；"防城大红八角"个大质优、香味浓郁、色泽鲜艳、含油量高，深受国内外商家青睐。2000年和2001年，国家林业局分别授予防城区"中国八角之乡""中国肉桂之乡"称号。"防城肉桂""防城八角"已荣获国家地理标志保护产品证明商标。

防城港肉桂和八角全产业链基本形成，产业开发不断深化，精深加工取得明显突破。该市肉桂和八角已形成拥有育苗、种植、初加工、深加工、集散交易、进出口等环节的全产业链产。种植面积稳定在130万亩左右，有一定规模的肉桂和八角加工销售企业90多家，产品有桂皮、板桂、桂通、桂粉、大红八角等香料原料和中药材，近年开发了零售小包装产品和肉桂、八角养生汤包康养产品。2020年12月防城港市香料行业协会成立，正式会员90人。深加工龙头企业不断壮大，东兴的广西庚源香料有限责任公司，是国家高新技术企业、广西壮族自治区林业产业化重点龙头企业、广西四星级现代特色农业示范区、广西肉桂东兴桂标准化示范区，全球唯一一家从种植到精深加工全产业链覆盖的肉桂油系列产品生产商，建有"广西肉桂种质资源库""肉桂中心苗圃"等种苗培育基地，截至2021年年底，建有肉桂示范林超5000亩，主要产品天然苯甲醛纯度高达99.99%，品质稳定，远销欧美市场，年产100吨，约占全球产量1/3，还开发有邻甲氧基肉桂醛、香豆素、乙酸肉桂酯等多种附加产品。

防城港和东兴是肉桂、八角进出口重要口岸和集散地。防城港具有沿边沿海的区位优势，越南和其他东南亚国家的肉桂和八角通过东兴、峒中口岸进入我国市场，食品药品原料如桂碎主要出口到日本和越南等东南亚国家，桂油、茴油、苯甲醛等通过防城港出口到欧美等国。据统计，2020年峒中、里火互市口岸过境肉桂1700吨、八角1400吨。

防城港市高度重视肉桂和八角的产业发展。2022年上半年，市政府成立了工作专班，制定了《防城港市肉桂八角产业高质量发展实施方案（2022—2025年）》，推进编制《防城港市肉桂八角产业发展专项规划（2022—2035年）》，出台扶持政策，实施"五大工程"，做优一产、做强二产、拓展三产，加快形成肉桂、八角产业一二三产融合发展新格局。

（二）玉林市八角、肉桂产业市场和品牌优势突出

玉林市是广西八角、肉桂重要产地，"西江桂"闻名全球，玉林中药材市场是全国著名、广西最大的中药材市场。该市发挥优势，不断开拓创新，发展成就令人瞩目。

玉林市高度重视"三香"产业发展。玉林市"三香"产业有较大规模，截至2021年年底，共有八角61万亩、肉桂11万亩、沉香9万亩。该市成立了中药材（香料）产业工作组，专门负责打造"南国香都"，推进"三香"和中药材产业升级发展。该市与国内香料有关院所经常交流合作，聘请高水平专业机构编制香料产业规划，委托中国中药协会开展"南国香都"区域公用品牌开发。

招商引资依托市场拓产业。玉林市发挥"岭南都会"市场物流优势，在已有中药港基础上招商引资，建设"南国香都"——玉林国际香料交易市场。该市场由桂林市福达控股集团投资建设，项目总规划用地570亩，总建筑面积约65万平方米，总投资约20亿元，包括交易市场、国际会展中心、香料科普展览馆、期货交易中心、冷链仓储及物流服务中心、科研检验中心等。该市还引进庚源公司建设肉桂深加工项目，引进香料经营大户在容县石头镇建设10000亩肉桂种植基地。

重视示范区创建，推广新技术，做大一产。福绵区成功创建自治区级出口农产品（八角）质量安全示范区、六万大山四季香海八角产业核心示范区（四星级）。北流市沉香产业现代化示范区被评为2021年四星级广西特色农业现代化示范区。容县石头镇把八角、肉桂产业作为支柱产业，建设种植示范基地和产品集散地，对老化八角树进行升级改良，截至2021年年底，全镇八角树嫁接面积已经超过6万亩。

二、港玉两地肉桂和八角产业的问题与机遇

（一）肉桂、八角产业发展瓶颈问题突出

防城港、玉林两市肉桂和八角产业在不断发展、肉桂精深加工明显突破的同时，也存在明显不足，一二三产业融合发展不够，二产三产短板明显，缺乏市场话语权，产业受市场价格波动影响很大，发展不够稳定，只是市场的"搬运工"，赚的是种植和初加工的小钱、辛苦钱，没有获得"中国肉桂之乡""中国八角之乡"应有的地位。主要问题有"四缺"。

缺精深加工。初级产品多，深加工的高端产品少，没有发挥原料产地这一特色资源优势。一直以来，两市的肉桂、八角主要作为香料初级产品，也就是初加工后作为原料运销北方市场或经市外第三方公司出口，零售包装产品量微乎其微。香精主要生产桂油、茴油这类低附加值加工产品，肉桂精深加工企业仅有庚源公司一家，深加工产能远远不足，药品开发利用程度很低。

缺龙头企业。龙头企业发展不足，缺乏强有力的协会等组织，辐射带动作用不强，难以形成产供销协同发展的良好局面。生产经营模式以分散经营为主，集约经营程度不高。

缺品牌。我们有"中国肉桂之乡""中国八角之乡"原料产地品牌，原

产地保护认证和地理标志证明商标认证等区域公用品牌，但缺乏知名产品品牌，品牌效应长期没有得到有效释放，资源优势还未能转化为市场优势。

缺科技。技术推广、科技创新的支撑作用还没有发挥好。品种杂乱、苗木质量参差不齐，管理粗放，产量低、不稳产；标准化栽培、八角矮化栽培推广面积不大，八角炭疽病危害大；长期缺乏对精深加工技术和药品的研发。

（二）肉桂、八角产业迎来发展新机遇

肉桂、八角产业迎来政策新利好。2022年5月，广西《关于推进新时代林业高质量发展的意见》提出，深入实施林化医药产业提量增容行动。加快在南宁、梧州、防城港、贵港、玉林等设区市打造天然香精香料产业集群。2021年11月，广西国家储备林建设现场推进会召开，提出在"十四五"期间，全区完成国家储备林贷款1000亿元，新建1000万亩的"双千"目标；要统筹发展肉桂和八角等经济林木，推动全产业链融合发展；推广运用PPP模式，用好国家储备林最长贷款期30年，其中宽限期8年，利率不高于5年以上LPR政策。此外，广西壮族自治区有关部门组织开展了香精香料产业专题调研，提出进一步推进一二三产业融合发展；组织制定了肉桂产品质量等级标准、肉桂栽培标准，并上报；开展香料种质资源保护开发和种苗培育，在防城港市东兴市、建设肉桂定点苗圃，玉林市建设沉香定点苗圃。

防城港国际医学开放试验区的建设为肉桂、八角产业发展带来重大机遇。2019年6月14日，习近平总书记提出支持在防城港市建立国际医学开放试验区。2021年6月17日，国家发展改革委等11部门联合印发《关于支持防城港国际医学开放试验区改革创新若干政策措施的通知》，提出了15条具体政策措施，支持试验区建设国家食品安全与营养创新平台、医药领域重点实验室，鼓励传统医药经典名方和食药物质多用途开发，支持建设综合保税区、优先审查进口新食品原料。2021年8月30日，广西壮族自治区政府印发《防城港国际医学开放试验区总体方案》，试验区重点发展医药制造、传统医药开发和健康营养食品、国际医疗康养等产业。试验区的建设将极大推动药食同源的肉桂和八角开发利用，生产康养食品、医药等。

香精香料市场前景广阔。全球香料香精市场需求不断提升，市场已从欧美地区逐步向亚太地区延伸。据2020年数据，全球香料香精市场销售额达302亿美元（约合人民币1950亿元），近年来，一直维持着5%~7%的增长率。2010年和2018年我国香料香精市场规模分别为367.2亿元和630亿元，产量由2010年的58万吨增长到2018年的135.2万吨，8年间翻了一番多，足见我国香料香精行业快速增长的趋势。由于国内市场发展较晚，我国香精香料行业将继续呈现又好又快的发展趋势，极具发展潜力。随着国家发展中药产业战略的实施，肉桂、八角原料市场价格显著提升，肉桂、八角行业迎来了新的机遇。

三、优势互补促发展，深化合作谋共赢

防城港、玉林两地有肉桂、八角产业合作的传统和基础。防城港的产品主要通过玉林中药材市场销售，通过东兴口岸进口的越南及东南亚其他国家的产品大部分在玉林集散。企业大户到玉林建设种植基地和加工企业，扩大经营规模，填补产品空白。玉林商家到防城港采购产品、进口货物、开展合作。2022年10月，玉林香料市场业主到防城港考察合作，计划开展产地加工仓储业务。防城区扶隆镇与容县石头镇建立了产业合作关系，在种苗、技术、营销等方面互通有无，扶隆镇每年为玉林各县市提供了大量苗木。防城港和玉林两地建立了密切的关系，经常互访交流，防城

港市有关领导和企业家多次参加玉林市举办的有关活动。

（一）建立两地合作机制，深化多层面深层次交流合作

政府及有关部门方面，开展经常性的互访活动，邀请对方参加本地举办的肉桂、八角产业有关活动，协同争取政策、搭建平台、开展技术开发研究，支持双方企业产业合作项目落地建设。企业协会方面，建立两地香料香精产业联盟、区域行业协会和信息平台，开展经常性的生产流通信息交流，共享信息，协同行动，增强行业话语权。相互介绍商家朋友投资合作。

（二）优势互补，双向投资，建设香料香精产业集群

两地要按照市场导向和国际国内双循环发展思路，发挥优势，补齐短板，一二三产业协同发展，做大做强产业。防城港在引进推广八角矮化及标准化栽培技术、八角精深加工、产地加工仓储物流、"西江桂"原料供应、产品销售等方面需要玉林的支持。同时，开发利用推介防城港产品，为庚源公司玉林项目建设提供了更多便利。玉林在"东兴桂"和"防城八角"优质种苗供应、肉桂精深加工、通过防城港各口岸进出口商品等方面需要防城港的支持。

两地共同利用防城港国际医学开放试验区国家食品安全与营养创新平台、以食品用途申报进口药食同源物质等政策优势，依托传统医药经典名方，投资开发肉桂、八角康养食品和药品。

（三）协同开展科技攻关和人才培养，加快发展精深加工

两地合作开展良种选育、高产关键技术、深加工新产品新技术推广应用等技术攻关，力争取得新的突破。加大对强优企业的支持，支持庚源公司开发两地资源，扩大规模和产品系列，争取更大的市场份额，进一步巩固在国际市场上的地位。合作开展人才培养，互为对方培养育苗种植人才、加工人才和营销人才。

（四）协同制订行业标准，打造区域公用品牌，争取行业话语权

支持行业协会和龙头企业牵头制定一系列产地标准和产品标准，提高标准化水平，打造无硫肉桂八角品牌。培育肉桂八角区域公用品牌、企业品牌及产品品牌。加大对区域香料香精产品品牌的申报、包装、策划。鼓励企业申报使用广西肉桂、八角国家地理标志保护产品证明商标，开展绿色食品、有机农产品、欧盟认证、中国香港"正"印认证。

林霞，防城港市政协副主席、玉林市林业局原局长

IP热文
IP REWEN

"南国香都"香飘世界[1]

童政

香料是美食的灵魂，是"舌尖上"的美味，也是推动文化传承和发展的重要载体。广西玉林自古就是东南亚地区香料主要种植和集散地，如今仍然集散全国80%的香料。推动独树一帜的玉林香料产业提质延链，擦亮品牌，借助RCEP东风谋求更大的发展，是当地正在努力的新方向。

广西玉林市是全国香料原材料产地和集散地，素有"无药不过玉林，寻香必至玉州"的美誉。作为一个由小商小贩自发形成起步的市场，玉林香料市场数十年间几经波折，如今正逐步成长为全国香料定价和交易中心。然而，玉林香料产业既"大"又"小"，大是指国内80%的香料在这里集散，年交易额约300亿元，小则是说在总量约10万亿元的食品、医药、日用等关联行业中占比不高。

该如何谋求更大发展？乘着《区域全面经济伙伴关系协定》（RCEP）新机遇的东风，近几年，玉林市紧抓建设面向东盟市场的国际中药材（香料）生产交易基地，以市场优势撬动全产业链，推动香料一二三产融合发展，丰富香料文化内涵，延伸香料产业价值链，推进香料产业全域发展。

---

[1] 本文发表于2022年9月20日《经济日报》。

香料生意火得很

走进新落成的广西玉林市国际香料交易市场，就如同走进了香的世界——常用的200多种香料，这个市场有150多种。每天，来自全国乃至全世界的香料从这里发往全国各地。

"卖花椒想要卖到全国，还得到玉林来。"在玉林市国际香料市场的商铺里，来自四川的商人段昌凯向记者讲述了来玉林做香料经销的原因。

6年前，段昌凯来到玉林，把国外进口与当地生产的香料卖回四川，再把老家四川的花椒从这里卖向全国。如今，他招聘了约30名业务员，每天销售香料约20吨，在市场中名列前茅。2021年年底，段昌凯成为首批从老市场搬迁到这里的商户。

"这个新建的市场设施完善、交通便利，我在商铺楼上建了冷库，这样更能保证香料的品质。我非常看好它未来全产业链发展的前景，如果将来能建成10万吨以上的标准化冷库，将会跃升到一个新阶段。"段昌凯说。

"详尽调研后，我发现玉林的香料市场非常大，情景也很好，就决定从果蔬冷链物流项目转向国际香料市场项目。"玉林福达农产品冷链有限公司总经理方列也对市场前景充满信心。据不完全统计，玉林每年香料交易量约80万吨，年交易总额约300亿元，相关产业链从业人员达10多万人。

香料货值很高，在玉林国际香料交易市场，流传着不少财富传奇故事。

来自广西平南县的余丕章在香料行业摸爬滚打几十年，年轻时就背着老家种的八角辗转广州、山东等地销售。2003年，余丕章到了玉林，逐渐成为有名的"八角大王"——年出货量超过1000吨。"在外地也能销售八角，但这里是一级市场，更利于我们搞贸易。"余丕章说。

线下火，线上也火。在玉林国际香料交易市场，粉丝数超过20万的电商商户有20多家。"90后"创业者陈胜勇是香料电商中的佼佼者。这几年，他抓住电商发展黄金时期，通过抖音、淘宝等电商平台销售八角、肉桂等香料类农产品，一天可成交300至500单，每月销售额近10万元。

热闹的除了市场，还有种植香料的乡村。在容县石头镇，随处可见香料收购广告。截至2021年年底，这里种植八角11万多亩、肉桂4.6万亩；从事香料收购加工的企业有32家，其中年营业额超5000万元的有5家。这些"香"村产业的兴旺，吸引了许多村民在家门口就业。"每年8月至10月高产期，每天有三四十万千克八角生果从村里运出，运输车辆从镇上一直排到山上的八角种植基地。"石头镇党委书记林瑜告诉记者。

香"链"成型待破题

玉林香料产业是如何发展起来的？在玉林国际香料交易市场办公楼上的科普馆，记者得以探寻其来龙去脉。

自古以来，玉林就是中国和东南亚区域香料的主要种植和集散地。加之地理位置优越，玉林逐渐受到香料经营者的重视。"早期的香料市场是自发形成的，那时，收购商拿着麻袋下乡收购香料，然后到交通便利之处摆摊经营。市场规模很小、很散乱。"在香料行业摸爬滚打二十几年的严舒展回忆。

早期的香料经营主要由玉林本地人开展。直到20世纪80年代，一群在广东茂名从事进口东南亚香料经营的商人来到玉林，使当地香料贸易料量显著增多。1988年，玉林集资800万元建成了全国首批获批准开办、广西唯一的中药材（香料）专业市场，令当地香料贸易逐渐辐射全国，产品远销海外。2009年，玉林借力中国（玉林）中医药博览会，一跃成为全国性的香料原材料集散地和香料定价中心。然而直到2020年，玉林香料产业均依存于中药材市场发展，没有专业市场。

2020年7月，总投资40亿元的玉林国际香料交易市场暨福达农产品冷链物流园项目开工，开启打造香料交易、产品研发、精深加工、仓储物流、检测检验、国际会展、进出口保税仓等功能完备的香料全产业链。然而，由于玉林香料产业基础薄弱，存在着一产弱、二产缺、三产薄的短板,香料变"香链"困难重重。

以石头镇的香料种植为例,在水口村的八角高产稳产示范基地,记者看到,经过矮化嫁接的八角树密密麻麻地挂满了果。"嫁接过的八角树抗病能力强,一棵树能挂果100公斤,按每公斤16元的收购价计算,能带来1600元左右的收入。"该村党支部书记杨彪说。然而,石头镇经矮化嫁接的八角树只占六成左右。许多八角树种于1967年,由于缺乏管护,存在诸多安全隐患。同时,这里的香料种植规模基本饱和,扩种空间不大,又因为没有自身品牌,难以做到优质优价。

在生产加工方面,玉林香料产业的短板更为明显。在玉林,做香料贸易的人随处可见,做精深加工的企业却很难找。玉林的香料加工仍以中低端产品为主,加工主体多是小作坊,生产手段落后,加工利用率低、耗能大。"企业加工'老破小'、无自主品牌,缺乏标准,没有定价权,一二三产没能联动发展,缺乏金融支持,收购价波动大,农民利润薄等,这些问题是制约玉林香料产业高质量发展的重要因素。"广西香料香精行业协会专家委员会主任安家成说。

此外,科技含量不足也是制约香料产业精深加工发展的重要原因。在玉林,仍缺少相关精深加工产品的研发孵化机构,无法为工业化生产提供技术支撑。

在三产方面,玉林每年虽拥有300亿元的香料交易额,仍存在品牌知名度不高,缺乏权威第三方检测等问题。"目前,大家交易仍然遵循传统的一看品相、二凭手感判断干湿等,缺乏检测数据,无法做到标准化。只有达到标准化,才能进一步扩大出口,为将来开发香料的金融属性打下基础。"段昌凯说。

此外,仓储设施不足也制约了产业发展。为有效服务玉林国际香料市场的经营户,玉林福达农产品冷链有限公司配建了7个总面积达7万平方米的仓库。然而,经营户上报的仓库需求面积超过100万平方米。"我们的仓库无法满足经营户需求，只能作为周转型仓库。为此，很多经营户不得不到外面去租用仓库。"方列说。

如何破题，把香料变"香链"，成为玉林紧迫而重要的议题。

三产融合开新局

走进位于玉林陆川北部工业集中区的一间厂房，香味扑面而来，生产调味料的机器有序运转。7年前，王鹤鸣来此创立了广西百味香料有限公司，主要从事调味料生产。"我是甘肃人，原来在深圳将香料卖回老家，后又来到原料产地玉林从事香料加工。"王鹤鸣说，"到玉林做香料加工业很有优势，除了原料采购运输成本低，最重要的是能选购到一手好原料，这是决定调味料品质的最关键因素。"

对于未来，王鹤鸣很有信心："政府非常重视香料加工行业，尤其是2021年以来大力推进'药食同源'商品进口通关便利化改革，大大方便了企业，降低了企业成本。"

"2021年以来，玉林市积极推动广西'药食同源'商品进口通关便利化改革，目前已有45家企业参与，贸易成交额近5.5亿元；推动开通了玉林至东南亚国家的铁路国际物流通道，实现了玉林铁路国际联运货物出口；还着力优化营商环境，促进香料产业发展。"玉林市商务局副局长邹善普说。

总体来看，玉林香料产业的主要问题是缺少精深加工、产品附加值低，制约了产业的高质量发展。"目前，市里专门成立了中医药（香料）产业工作组，以'扩一产''强二产''优三产'为思路，创品牌，加快推进香料产业规模化、工业化、金融化，实现香料一二三产深度融合、共同发展。"广西壮族自治区政协常委、玉林市中医药（香料）产业工作组组长、玉林市政协原主席梁伟江说。

为"扩一产"，夯实产业链基础，玉林对全市香料种植布局统筹优化，逐步打造形成"一县一业""一镇一香"。比如，针对北流沉香种植

8万多亩、约占广西80%种植面积的优势，积极申报国家地理标志，打造北流沉香特色品牌；针对容县肉桂、大红八角资源丰富的优势，打造肉桂、八角种植集聚区，推动香料种植规模化、集约化……

"强二产"，补齐产业链短板，则是玉林香料产业发展的重点突破口。针对香料生产加工缺乏龙头企业带动等问题，玉林通过精准招商和培育龙头企业等举措补齐发展短板。"市里已经在玉林国际香料交易市场对面规划了香料产业加工园区，我们计划投资20亿元建设香料特色加工园，精准引进相关企业，抓好香料产品的精深加工。"方列说。

为培育加工龙头企业，玉林还大力招引广西最大的桂油提炼企业——广西庚源香料有限责任公司来此发展；积极研究出台产业扶持政策，在香料的初加工、深加工各环节，扶持培育一批龙头企业，努力建强二产链条。

看到政府的支持，一些正在做贸易的香料经销商也跃跃欲试，向加工领域进军。

在石头镇，本地人陈国耀除了卖原料，还加工八角油和桂油，客户主要为国内食品和日用品企业。此外，通过电商平台，他每月还能出口一批产品到日本。"加工是提高产品附加值和应对市场波动的有效途径。2013年和2014年曾出现八角滞销情况，农民损失很大，这坚定了我要做加工的决心。如今在我的带动下，镇上越来越多的人从事加工生产。"陈国耀说。

与之相比，三产是玉林香料产业的强项。在此基础上，玉林市通过建设专业交易市场、强化金融引领等措施，推动香料贸易提档升级。目前，玉林国际香料市场新近建设的保税仓库已开仓运营，冷库也在加快推进建设中，还筹划开展大型香料会展活动，以扩大影响力。

"我们正与广西食品药品检验所共建玉林实验室，在玉林国际香料交易市场配套建设了香料科研检验检测技术中心，打造一站式高科技服务中心；推动香辛料等产品向玉林的全产业链导入和聚集，逐步在玉林形成单一农产品的世界级定价权。"方列说。

与此同时，玉林还着重打造"南国香都"品牌，以品牌引领产业发展。

"'中国南方药都'已经不能完全统领玉林香料产业的经济价值与文化内涵，迫切需要打造在全国独具特色、影响力大的香料产业区域公用品牌，更好引领产业发展。为此，我们大力打造了'南国香都'品牌。"梁伟江说。

2021年，玉林市充分发挥香料产业优势，成功创建"南国香都"区域公用品牌，并制定了《玉林市"南国香都"区域公用品牌管理暂行办法》，对品牌运用开展市场化、规范化管理。目前，他们正积极打造"南国香都"——肉桂八角产业重镇、沉香产业重镇、沉香产业村等示范镇村，并推动一批香料企业先期打造了"南国香都"——桂小卷、桂棒棒、首佳八角等系列产品品牌，玉林的"香"品牌正逐步成型。

为进一步挖掘香料的文化内涵，推进文旅融合，玉林还推出南国香都"寻香之旅"美食文化游线路19条，挂牌2家药膳馆，研发了一批精油、香囊等文旅产品，香料产业价值链不断延伸。

前不久，广西首个沉香文化馆在玉林北流建成开馆。记者在此体验到集声光电于一体的科普展示，感受沉香文化的巨大魅力。目前，北流已有沉香（种植）合作社56家，初级加工企业24家，精深加工企业21家，产业年产值约3亿元，是广西人工种植沉香最多的地区。

"玉林将坚持以产业为体、文化为魂，不断擦亮用好'南国香都'区域公用品牌，通过建设香料科普馆、沉香博物馆、产品体验馆，以及打造香料特色文化街区、推出'香文化'旅游专线、研发特色文旅产品、建设特色康养中心等举措，加快推进'药、食、疗、美、旅'产业链融合发展。"梁伟江说。通过一二三产融合发展，"南国香都"将香飘世界。

童政，《经济日报》记者

玉林寻香记——玉林市香料产业发展纪实[1]

蒋林林　敬豪量

2022年2月18日,玉林市兴业县政府与防城港市共发贸易公司签订香料(八角、肉桂)产业发展项目合作框架协议,双方将围绕兴业县八角、肉桂产业发展进行战略合作。项目建成投产后,力争2025年实现年销售额10亿元,打造玉林市八角和肉桂种植、初深加工、销售等百亿元全产业链,助力兴业县八角、肉桂产业高质量发展。

兴业县八角、肉桂产业项目只是玉林市香料产业蓬勃发展的缩影。玉林市作为全国最大的香料集散地,有着深厚的香料交易基础。近年来,全市立足传统优势,将包括香料产业在内的大健康产业作为千亿元产业打造,全力将香料产业发展成在全国有影响的特色产业、当地乡村振兴的支柱产业。根据各县、镇的资源优势,统筹优化全市香料种植布局,逐步形成一县一业、一镇一香。

目前,全市香料种植面积350多万亩,香料产业总产值约100亿元,香料年交易额约300亿元,香料生产、经营主体800多家,产业链从业人员2万多人。

1　本文发表于2022年4月8日《广西日报》。

良种"三香",增量提质

30多年来,容县石头镇水口村村民黄金长期致力于寻找八角优良品种。他每到一处,看到树型好、挂果多、抗病强的八角树,都不忘剪几根枝条回来。从百色市右江区、南宁市上林县等地,他都曾带回八角枝条进行嫁接。为了找到更适应本地土壤的优良八角品种,在剪下八角枝条时,他还常常带回一些泥土,与本地泥土进行酸碱度对比。在他的带动下,全村八角种植户家家注重八角品种改良。全镇除11.3万亩八角林主要集中在水口村外,4.6万亩肉桂也主要集中在这里,让该村成为远近闻名的"亿元村"。

2021年10月,石头镇成立香料协会,全镇300多户八角、肉桂种植户踊跃加入协会。有商业银行闻讯,上门找到协会,主动提出提供免押贷款,支持香料产业发展。

水口村村民用行动证明,良种八角、肉桂深受群众欢迎,推动着香料种植产业发展。2022年,玉林市林业局重点推进沉香、八角、肉桂种质资源基因库和种苗培育基地建设,以实现增量提质。

玉林市林科所营林科副科长黄光兰蹲在苗圃内,正在观察八角不同无性系的生长情况,它们有的来自横州市,有的来自容县,不久将被收入八角种质资源基因库。

2020年7月,玉林市林科所开始培育砧木,从全国各地收集不同品种的八角、肉桂、沉香种源,筹建种质资源库。目前,45亩八角、肉桂、沉香种质资源基因库建设地点初步落实。其中八角种质资源基因库已收集柔枝红花八角、黄枝果等37个品种母树苗;沉香种质资源基因库从广东、海南,以及广西北流、平南等地调查收集沉香种源4个,嫁接收集沉香优良无性系21个,嫁接苗木5000株;正在筹建的肉桂种质资源基因库,已调查横州、容县等地肉桂品种及苗木培育情况,准备开始收集工作。与广西林科院协商开展八角、沉香良种选育工作,相互合作,资源共享,收集八角、沉香种质资源，通过后期的试验调查，选育优良品种的八角和沉香。

玉林市林科所沉香、八角、肉桂的育苗基地落实15亩项目用地，初步完成基础设施建设，已培育土沉香苗3万株、八角苗1万株。通过24种以上嫁接方式，对沉香进行了嫁接试验，统计调查不同嫁接方法对沉香成活率的影响。开展沉香组织培养技术研究，目前已攻克其外植体诱导及增殖技术。开展八角嫁接试验，探索不同的嫁接方法对八角成活率的影响，已掌握提高八角嫁接成活率的嫁接方法。肉桂种苗基地已开始采集肉桂种子进行播种育苗，培育一批优质肉桂苗木。

规划2023年以前完成4个育苗基地和八角、沉香种质资源基因库建设，2024年以前完成肉桂种质资源基因库建设。在北流市、容县建设沉香、八角、肉桂4个育苗基地及种质资源基因库，总面积超过300亩，年供应苗木超过500万株，投资额超过3000万元，辐射带动全市沉香、八角和肉桂育苗基地建设。到2023年，全市育苗基地保障年苗木供应超过2700万株。

同时，开展八角、肉桂、沉香良种审（认）定工作，各选育出1到2个良种。在全区范围内选择3个区试地点，进行八角和沉香区域试验。通过对八角的产量和果实大小等指标测定，选育出八角良种。通过对沉香生物学性状调查、结香评价以及DUS（特异性、一致性、稳定性）测试等选育出沉香良种。

与广西林科院、广西大学等科研院校合作开展肉桂良种选育。1到2年内各选育1到2个表现型良好的品种进行试推广示范。争取在3到4年内在北流等沉香种植适生区内选育审（认）定1到2个沉香良种；争取5年内在容县、陆川等八角种植适生区内选育审（认）定1到2个八角良种；争取8年内审（认）定1到2个肉桂良种。

科技攻关，推动发展

六万林场八角种植历史悠久，最老的400多株八角树，树龄已有80多岁。目前，全场拥有八角林6万多亩，不少低产林急需改造。

近年来，六万林场与广西林科院合作，对部分八角林进行低产改造后，让其重新焕发生机，枝头挂满累累硕果。有的八角树一株就需要夫妻俩采摘整天，能收获300千克生八角，且果实圆润饱满，一颗生八角的直径有银行卡的宽度。

玉林市林业局计划开展八角低效林改造、沉香结香技术、肉桂密植等研究和示范推广，规划2023年以前建设1个沉香种植和结香技术示范林、3个八角低效林改造示范林、1个肉桂密植对比试验林。5年内，通过科技示范力量，带动辐射全市八角改造20万亩以上，带动沉香种植1万亩，肉桂密植或新种1万亩。

八角低效林改造研究与示范。对八角低效林进行因地制宜，因林改造，对常年脱管的八角林地进行重新除草、施肥等抚育管护；对有炭疽病的八角树进行病虫害防治；对以前种植密度较大、树体高大的八角林进行间伐和树形改造；对低产、品质较差的八角树通过嫁接、换冠等进行品种改造。多项管理措施方法相结合，提高了八角低产林产量、八角品质，建设八角低效林改造示范点3个。

沉香种植与结香技术研究与示范。通过沉香育苗基地建设，开展沉香育苗技术研究，研究出一套沉香育苗技术方案，对沉香育苗设施建设、育苗方法、苗木日常管护、苗木病虫害防治等进行技术示范。新建沉香示范林，加强对成林沉香示范林的管护抚育，通过沉香传统的物理结香技术和生物结香技术展示与研究，帮助种植户熟练掌握沉香结香技术。

肉桂栽培密度技术研究与示范推广。通过对肉桂不同密度种植试验研究，研究出适宜玉林市肉桂产业发展的栽培模式，并加以宣传和推广示范。

同时，编制八角、沉香和肉桂育苗和栽培技术手册各1套。开展八角、沉香和肉桂栽培技术培训，培训200人次/年，发放资料500份/年。

玉林市林业局副局长莫娜说，市林业局成立香料种苗基地建设工作领导小组,负责统筹、组织和指导种苗基地建设;部门协作,协调相关部门积极申报完成"玉林八角""北流沉香"为国家级地理标志产品,指导八角、沉香等相关标准制定;加强沉香、八角及肉桂精深加工招商引资力度,推动一二三产融合发展。

加大资金扶持。积极争取自治区和市级部门的项目资金扶持,支持香料种植技术研究、品种选优、良种审(认)定,以及育苗基地、示范基地、种质资源基因库建设。积极争取自治区相关部门的扶持政策,督促各县、市、区将沉香、肉桂、八角纳入国家储备林建设项目统筹推进,解决建设过程中的资金问题。

强化科技保障。依托海南亚热带作物研究所、自治区林科院、市林科所、广西大学等广西壮族自治区内外科研院所和高等院校育种研发团队及示范基地,开展联合攻关,加强具有自主知识产权的品种选育,建立完善品种创新与技术研发体系。

完善服务体系。充分发挥沉香等相关协会优势,及时向社会发布沉香、八角及肉桂等生产、科研、培训、扶持政策及申报进程等方面的信息;加强技术培训和示范推广,督促指导相关企业单位加快完善香料产业建设体系。

南国香都,辐射全球

"无药不过玉林,寻香必至玉州",一语道出了玉林中药材、香料文化的厚重底蕴。玉林香料种植面积350多万亩,其中八角、肉桂、沉香等名贵香料种植面积近100万亩。国内80%、世界2/3以上的香料在玉林集散,年交易量达80万吨,进口香料总额近300亿元。玉林作为目前全国香料最多、最齐全的原材料产地和集散地,是全国香料的交易中心和定价中心。

近年来,玉林市重点以八角、肉桂、沉香"三大香"为基础、以"香料产业共同体"为抓手、以各镇村为支点,着力推进香料产业规模化、工业化、金融化，促进高质量发展。

2021年12月，玉林国际香料交易市场正式开业。市场内仓库堆满来自全球各地的香料，其中以广西本地的八角、肉桂数量最多。在市场内逛一圈出来，身上散发着一股浓郁香味。

2013年，湖南客商黄华初到玉林，在旧火车站旁租了个仓库，开始做起香料生意，主要经营八角、肉桂。那时仓库又矮又潮，一直没法扩大经营。入驻玉林国际香料交易市场后，他租下2个仓库，能装下600吨干货。不但仓库又高又干爽，且物流非常方便。他说，八角、肉桂属大宗香料，每千克利润1到2角，靠的是大量批发。然而，他每天走货量大，最多有时一天发货30吨，薄利多销，利润也相当可观。

玉林国际香料交易市场为"南国香都"香料产业核心区一期项目。市场总规划用地约570亩，总建筑面积约65万平方米，总投资约20亿元。建设项目包括交易市场、冷藏冷冻库、玉林香料科普展览馆、国际会展中心、科研检验检测技术中心、电商与研发大楼、物流仓储等配套设施。核心区二期建设为保税物流中心（B型）、农产品冷链物流园；三期建设为香料特色产业加工园，占地面积约1300亩，投资额约10亿元。

玉林市高度重视文化引领作用，结合自身资源优势、区域特色，积极做好香文化传承创新，通过举办论坛、博览会等，借节造势、借节兴市，扩大品牌影响力。2020年酝酿提出建设"南方香料之都"设想，2021年创建"南国香都"区域公用品牌，同年11月成功举办"南国香都"香料论坛，吸引香产业知名企业、专家学者、行业协会汇聚玉林，品香话香，打响了"南国香都"品牌。同时，完善配套设施，提升产业吸引力，打造消费新热点。通过建设香料博物馆、产品体验馆，以及打造香料特色文化街区、推出"香文化"旅游专线、研发特色文旅产品等，加快推进"药、食、疗、美、旅"产业链融合发展。

玉林市林业局局长伍贤初说，建设玉林香料产业新高地，推动香料产业做大、做强、做出特色,打造玉林"南国香都"正当其时。

玉林市大力打造具有香料种植、采购、交易、产品研发、精深加工、仓储物流、检测检验、国际会展、进出口保税仓等功能的完备的香料全产业链,培育"名企、名品、名家",打造面向全国,辐射东盟乃至全球的香料产业集群,奏响香料产业发展最强音。

蒋林林,《广西林业》记者
敬豪量,玉林市林业局生态科科长

产业为体、文化为魂，"南国香都"放光彩[1]

刘政强

上千年的香料文化在这里传承、世界六成以上的香料在这里集散、香料年交易金额约300亿元……有着"千年古州，岭南都会"美誉的广西玉林大力发展香料产业，以"香产业"为体、"香文化"为魂，正努力让"南国香都"香飘世界。

一、产业深度融合，各类香料飘香南国

南国之冬，阵阵香味从一间间商铺里传来。数十万平方米的玉林国际香料交易市场开业不久，不时可见一辆辆货车空载而来，满载而去。

市场内主干道旁一家专门经营八角的商家说，他来自广东，在玉林经营八角生意已有10多年，如今生意慢慢做大，客户遍及全国各地，"世界八角看广西，广西八角看玉林，我很有信心"。

福达农产品冷链有限公司副总经理陈棣文介绍，玉林有全国第三大中药材专业市场、全国最大的香料集散市场，是全国中药材四大主产区之一，新打造的香料交易市场已吸引了400多个商家正式进场经营。

数据显示，玉林市香料种植面积350多万亩，每年香料产业总产值约

---

[1] 本文发表于2021年12月28日新华网。

100亿元，香料年交易额约300亿元，从事香料生产、经营的各类主体800多家。

在玉林市容县石头镇，一个八角加工厂内，阵阵八角香扑面而来，工人们戴着口罩在挑选整理晒干的八角，包装好后进行销售。"我们镇种植八角面积10万多亩，2020年八角产量有4万多吨，产值6亿元左右，人均增收8000元左右。"石头镇书记林瑜说。

广西壮族自治区政协常委、玉林市中医药（香料）产业工作组组长梁伟江表示，近年来，玉林重点以八角、肉桂、沉香"三大香"为基础、以"香料产业共同体"为抓手、以各镇村为支点，着力推进香料产业规模化、工业化、金融化，促进香料一二三产深度融合发展，推动共同富裕。

二、打造"香料产业共同体"，推动产业高质量发展

为充分发挥优势，玉林市统筹优化全市香料种植布局，逐步形成"一县一业""一镇一香"，如北流沉香、容县肉桂、福绵八角等特色香料种植集聚区，都正推动种植规模化、集约化。

据介绍，玉林正大力推进沉香、八角、肉桂3个育苗基地建设和3个种质资源基因库建设，并以密植、改良等方式，实现增量提质。同时，通过政府主导和"村集体+公司+农户""公司+国有林场+农户"等方式，推进香料产业集聚化、集群化，着力打造产业共同体，推进实现共同富裕。

"玉林国际香料交易市场还规划建设香料特色产业加工园，培育深加工龙头，研究出台政策扶持本地香料企业做大做强，在香料初加工、深加工等环节，积极扶持培育一批龙头企业、上规企业。"玉林国际香料交易市场相关负责人介绍。

除建设国际香料交易市场外，玉林还大力推进划行归市，把散、小的

香料市场整合到玉林国际香料交易市场，聚集发展、扩大经营。制定出台通关、企业管理、生产流通、检验检测等系列配套制度，加强进出口贸易服务。目前玉林有香料进出口企业34家，进出口总额达3.3亿元。积极搭建服务平台，加快建设玉林铁路口岸和海关铁路监管作业场所；以创新"区市共建异地实验室"方式，与广西壮族自治区食品药品检验所共建玉林实验室；在香料交易市场配套建设香料科研检验检测技术中心，打造一站式高科技服务中心。依托海南国际商品交易中心的场外衍生品交易政策，优化玉林农村产权交易中心交易功能，探索挖掘香辛料等一级农业产品的金融要素特性，逐步在玉林形成单一农产品的世界级定价权。

三、打响"南国香都"品牌，传承创新"香文化"

此前，玉林立足全国第三大中药材市场的优势，成功打造了"中国南方药都"城市品牌，在此基础上，于2021年创建了"南国香都"区域公用品牌，并成功举办"南国香都"香料论坛，吸引香料产业知名企业、专家学者、行业协会汇聚玉林，品香话香，打响了"南国香都"品牌。

"下一步更要以品牌引领产业发展，以'南国香都'区域公用品牌为文化引领，通过建设香料博物馆、产品体验馆等平台，以及打造香料特色文化街区、推出'香文化'旅游专线、研发特色文旅产品等举措，加快推进'药、食、疗、美、旅'产业链融合发展，大力塑造玉林香文化、药文化。"梁伟江说。

为更好打造"南国香都"品牌，玉林市结合自身资源优势、区域特色，积极做好香料文化传承创新。目前，已建成香料科普展览馆1家，打造"寻香之旅"美食文化游线路3条，挂牌药膳馆2家，研发了一批精油、香囊等文旅产品，产业链不断延伸。

近日,广西壮族自治区政府发展研究中心对玉林市香料产业进行调研,调研组认为,要让"南国香都"香味更浓,可通过金融畅通产业"微循环",着力推进产业金融化,打通发展瓶颈和"堵点",探索建立香料产业租赁市场、期货市场以及开拓线上销售渠道等,集合商流、物流、资金流、信息流,不断整合资源,增强发展后劲和活力。

刘政强,新华网记者

"香"村振兴，振兴"香"亲
——"南国香都"助力乡村振兴[1]

梁伟江

眼下这个季节正是肉桂剥桂收获的季节。广西玉林市容县石头镇，是玉林"南国香都"肉桂八角产业重镇，此时走进石头镇，从镇街小巷到山野村道，处处"桂"气飘香，热闹繁忙。

近年来，玉林市委、市政府高度重视香料产业发展，专门成立玉林市中医药（香料）产业工作组，专项推进全市香料产业高质量发展。中医药（香料）产业工作组立足产业优势，积极谋划布局，着力以"南国香都"区域公用品牌为引领，根据各县、镇的资源特点，以镇村为支点，推进建设一批香料产业特色示范点，努力打造"一县一业""一镇一香"，引领推动香料产业高质量发展。容县石头镇正是中医药（香料）产业工作组重点打造的香料产业发展示范点之一。

容县石头镇是玉林市香料种植大镇，是八角、肉桂的重要产区。2021年10月开始，中医药（香料）产业工作组充分利用石头镇香料资源优势，把石头镇作为"南国香都"区域公用品牌与产业结合的产业重镇来打造，以文化为魂、产业为体，推进一二三产深度融合，把香料产业打造成石头镇的支柱产业。截至2021年年底，石头镇八角种植面积11.3万亩，2021年

---

[1] 本文发表于2022年5月26日人民网。

产量5万吨，年产值约6亿元；肉桂种植面积4.6万亩，桂皮产量4080吨，年产值约2亿元。

石头镇以"镇政府+协会+基地+脱贫户"等模式，引领全镇19个村大力发展八角、肉桂等香料产业，以"香村"带动农民群众增收致富。2022年一季度，石头镇八角新增嫁接改良面积5000多亩，八角春果产量1.6万吨，肉桂扩种面积270亩，桂皮产量2850吨，带动脱贫户和种植户13000多户。

在全面"扩一产"的同时，玉林市中医药（香料）产业工作组精准招商，积极引进香料产业龙头企业，包括广西庚源香料责任有限公司等企业，补齐建强八角、肉桂等香料的深加工链条，努力把肉桂每棵树都"吃干榨尽"，进一步提高香料产品附加值，引领带动一产扩种。此外，石头镇大力兴建一批香料晒场、交易场，扶持做好香料的收购与加工。目前，全镇有香料加工企业32家，家庭作坊200多家，其中年营业额超1000万元的有12家，超5000万元的有5家，新增就业岗位1200多个，吸引了许多群众选择在家门口就业。

比如容县智艺肉桂加工作坊，每天在此剥桂皮的村民有10多人，年龄从30多岁到60多岁，每人每天可通过刨桂皮拿到100到200元的收入。此外，在卷桂、晒桂、包装、销售等环节，需要较多的劳动力分工合作，带动产生了较多的就业岗位。由于肉桂树科学砍伐后无须补种也可以循环生长，村民把肉桂称为"富贵树"。为了更好地打开销路，许多香料企业积极转型升级，着手打造属于自己的特色品牌，"南国香都"——桂小卷、桂棒棒正是其中的代表。据统计，目前石头镇从事香料种植、加工、销售的从业人员共有6万多人，几乎覆盖全镇每家每户，其中电商、直播销售16家，年销售额达到8000万元。

一个作坊、一个晒场、一个平台，就能让一批群众既实现了就业，又照顾了家庭，在帮助群众增收致富的同时，也为乡村振兴提供了发展活力。

面向未来，玉林市中医药（香料）产业工作组坚持按照"扩一产""强二产""优三产"的工作思路，以八角、肉桂、沉香"三大香"为基础、以"香料产业共同体"为抓手、以各镇村为支点，加快在北流市六靖镇、石窝镇、民乐镇和容县松山镇、兴业县山心镇等布局建设一批镇村香料特色示范点，以点带面打造更多的"香镇""香村"，让"香镇""香村"与广大乡亲"香香与共"，一起"香"未来！

梁伟江，广西壮族自治区十一届、十二届政协常委，玉林市政协原主席

各香其香，香香与共
——广西香料从"产品独大"走向"产业做大"[1]

袁琳

在全世界具有绝对控量优势的广西香料，数起来一连串：八角和茴油，肉桂和桂油，茉莉花和花茶，金花茶及其系列产品……这些香遍天下之物，在广西的种植面积和产量长期占全球大半。

2022年6月下旬，在广西香料香精产业高质量发展座谈会上，看着长期以来一向"产品独大"的广西香料香精，开始展现"产业做大"的好势头，与会专家、企业家无不欢欣鼓舞，广西香料香精行业协会会长肖筠兴奋地表示："各香其香"正在走向"香香与共"！

玉林国际香料交易市场：日均交易一亿元

玉林国际香料交易市场总规划2600亩，总投资50亿元。一期工程投入13亿元建成570亩近30万平方米交易区，包括商铺集群、会展中心、大型仓库、电商研发大楼等。2021年12月8日开业之时，即有400多家商家进场经营，如今已是一铺难求。半年多时间，市场日交易额稳定在1亿元上下，全国80%、世界2/3以上的香料在这里集散，玉林市迅速成为国际香料

---

[1] 本文发表于2022年7月27日《广西日报》。

交易中心、定价中心。二期工程重点建设10万吨冷库和海关监管仓；三期工程重点建设香料香精加工园区，计划2024年12月全部建成，届时可容纳2000多家商家同时进场交易。

2022年3月15日，广西桂品优生物科技公司从印度进口的27吨小茴香运抵此间，广西首单药食同源商品成功在"家门口"报关通关，一举改变了多年来药食同源商品在广西只能以药材用途报关通关的状况。据了解，进口1货柜商品通关费用由此比"借道"外省通关节省2200元左右。玉林市乘势加大力度培育试点企业，在首批4家企业先行先试基础上，再把条件成熟的另5家企业列为第二批试点。同时，大力推动药食同源商品出口，实现进出口双向增长。

"硬件"平台和"软件"机制的配套完善，香料香精的国际交易市场功能得到更好发挥，发展前景更为可期。

八桂大地：优势"天香"知多少

香料植物指其机体某些部位含有芳香油等挥发物质的植物，包括木本香料和草本香料。广西素有"中国天然植物香料库"美誉，约有香料植物270多种，其中广西特有的65种，八角、肉桂、茉莉花、金花茶等优势香料，稳定占据全球过半乃至七八成的产量；沉香、桂花、罗汉果等特色香料，也呈现蓬勃发展的良好势头。

近年来，香樟、白千层、沉香、桂花、罗汉果、山苍子等木本香料竞相产业化发展。广西这些热带、亚热带天然香料树种独具特色，培育方面也拥有领先优势。在上林县等地，香樟出现了全新的经营模式：幼苗种下一年后枝繁叶茂齐人高，就像割韭菜一样采收一轮枝叶，留下40厘米到50厘米高的主干让它萌发更多新芽，半年后又可以采收一轮，一年两收实现亩产值3000元到5000元，以此提炼加工系列产品升值更加可观。沉香主产地北流市引进新品种科学嫁接，改变了土沉香十年才结香的状况，实现三年结香、五年采收，一株树收入5000元，一亩沉香收入50万元。山苍子在灌阳县育种、种植、加工齐头并进，配套建立起完整产业链，"偏门生意"做得风生水起。桂花树在广西全境均有分布，桂花茶作为"小众产品"，全区年产量1.5万多千克，位居全国之首。

草本香料在广西也迅速兴起，形成新的特色产业：忻城薰衣草庄园被认为是全球最大的连片种植园；香茅草在东兴市马路镇成了农户增收的"香饽饽"；灵香草主产于广西北回归线以北，大瑶山出产的特别受市场青睐。

产品产业：从"独香"走向"共香"

多年来这些"各霸一方"的广西香料，"单打冠军"地位长期稳固，有的一路辉煌成长，如横州茉莉花；有的行情起伏不定，如八角、金花茶；有的久负盛名却发展缓慢，如肉桂。

近年来，玉林市立足传统优势，将包括香料产业在内的大健康产业作为千亿元产业打造，全力将香料产业发展成在全国有影响的特色产业、当地乡村振兴的支柱产业。目前，全市包括八角、肉桂、沉香等在内的香料种植面积350多万亩，香料产业总产值约100亿元，年交易额约300亿元。

业界人士认为，玉林市的经验表明：产品单打独斗难成大气候，产业联手做大才能问鼎天下。

广西香料香精行业协会专家委员会主任、南方木本香料国家创新联盟理事长安家成教授表示，广西香料香精以天然为特色，不是化工合成产品，举世闻名。广西香料产业"八仙过海、各显神通"的状况，确实应当在"各香其香"的基础上，进入"香香与共"的大境界了。一些企业、一些地方发展香料单项产业做得很不错，特别是南宁、玉林、防城港这一带，香料产业具备了相当的资源优势和产业基础，不过在全区范围内还没有形成合力、形成规模、形成高地。应当按照"政府搭台、企业唱戏、科技支撑、群众参与"的模式，像支持油茶产业发展那样，出台政策，整合力量，发挥优势，激活资源，广西香料产业实现"千万亩面积、千亿元产值"，完全没有问题。

袁琳，《广西日报》记者

南国香都：玉林向世界递交的一张名片[1]

甘孝武　杨祖辉

玉林自古商贾云集，一直是重要的香料集散中心，中国与东南亚、南亚等地的香料汇聚于玉林香料市场。

近年来，玉林坚持立足优势，迈出"东融""南向"开放步伐、全面融入"两湾"建设的契机，把香料产业摆在国内国际两个大局中谋划推进，在发展中开放，在开放中升级，建设玉林香料产业新高地，将"南国香都"的名片推广出去正当其时。

为商户搭建全方位交易平台

自古以来，玉林就是中国和东南亚区域香料的主要种植和集散地，但是玉林香料产业长期均依存于零散的市场发展，缺乏专业市场的支撑，对商家销售、消费者购买都产生了一定的不利影响。

因此，玉林急需一个专业的香料大市场。2020年7月20日，玉林国际香料交易市场暨福达农产品冷链物流园项目举行开工奠基仪式，2021年12月8日正式开业，为玉林打造具有国际影响力的香料专业市场提供了巨大的市场平台。

---

[1] 本文发表于2022年10月19日《玉林日报》。

"玉林国际香料交易市场开业后，我第一时间进驻，市场设施完善、交通便利。通过这个专业市场，以及诚信经营之道，我的香料品牌很快打响了知名度，销量也在稳中提升。"广西紫航商贸有限公司负责人严舒展说。

为了交易便捷，玉林国际香料交易市场还积极与银行开展合作，为商家提供线上金融服务。2022年7月8日，工商银行玉林分行e企付业务正式投产于玉林香料市场，开辟了"平台负责交易管理，银行对应资金支付"的合作模式。

"自从交易平台上线e企付之后，我们商户在线上平台的采购、销售情况变得一目了然，资金的周转也更加方便。"在玉林经营香料生意已有30多年的梁先生说道，"支付方式更多了，支付效率也更高了。"

同时，与中国—东盟信息港股份有限公司合作，倾力打造B2B线上直销平台——找香料网，打造"科技＋数字＋信息"的市场管理平台金融服务，提高了管理效率，助力区域经济快速发展。

多方位服务提升香料品牌

"我们有信心把玉林国际香料交易市场打造成中国—东盟最大的集约型全品类国际香料交易中心。"玉林福达农产品冷链有限公司董事长宋军信心满满地表示。

玉林国际香料交易市场暨玉林福达农产品冷链物流园项目是玉林打造香料全产业链的重点项目，一期建设玉林国际香料交易市场，其中建设香料交易市场、冷藏冷冻库、国际香料会展中心、检验检测中心、电商与研发大楼、物流仓储、公用型保税仓库等配套设施。

值得一提的是，2021年11月10日，玉林国际香料科研检验检测技术中心举行揭牌仪式，打造一站式高科技服务中心。2022年5月30日，该技术中心通过了广西质量技术评价中心专家的资质认定现场评审，标志着玉林打造"南国香都"，建设一流国际香料市场迈上一个新的台阶。

公用型保税仓库于2022年8月31日开仓启用，占地5000平方米，共有134个库位，可促进包括香辛料、机械设备、日用百货、工业原料等货物的进口，极大提增玉林进口货物的效率，促进香料进口业务发展。

玉林国际香料交易市场通过专业化的市场运营管理，数字化的服务，市场价格信息的及时发布，供应链金融服务，配套设施设备的完善等为行业商户提供多方位的服务。

共同发展"南国香都"城市名片

走进玉林国际香料交易市场，就如同走进了香料的世界，每天，不同品种的香料从这里发往全国及世界各地，一片热火朝天的景象。

"这里的环境、人气都比原来的市场好很多，很多地方的香料都是从玉林中转的。"来自陕西西安的香料经营户梁双晨介绍，其家族在玉林经营香料生意已有30多年，并且经历了四次新市场的搬迁，现在这个市场更加规范、宽敞、设施齐全，也吸引了更多的经营户和采购商。

据了解，玉林国际香料交易市场暨玉林福达农产品冷链物流园项目总规划用地约2300亩，总建筑面积约200万平方米，总投资约50亿元。项目计划2024年12月建成，全部建成后可容纳2000多家商户同时进场交易，将成为中国—东盟最大的现代集约型全品类香料交易中心。

据介绍，玉林国际香料交易市场项目二期将建设保税物流中心（B型）、进出口加工区和农产品冷链物流园；三期将延长产业链，建设香料特色产业加工园。

玉林香料产业不断向前发展，下一步将推进综合保税区申报、建设，以综保区为平台，打造金融、期货、会展、贸易、物流一体化的综合交易中心，促进实现香料贸易的圈区规范管理，建立源头可溯、过程可控、流向可追的闭环监管体系。快速打造香料一二三产业融合发展的全产业链集群，全面提升玉林"南国香都"品牌影响力和美誉度。

甘孝武、杨祖辉，《玉林日报》记者

附录1：玉林市创建"南国香都"区域公用品牌项目研究

中国中药协会课题组

（2021年10月发布）

受玉林市委市政府委托，中国中药协会组织开展了玉林市创建"南国香都"区域公用品牌的项目研究论证工作。研究团队从国家战略、地理区位优势、历史文化传承、产业基础、规划政策、未来发展前景等不同维度论证了"南国香都"区域公用品牌建设的价值，并经专家审定组审定，确定玉林市创建"南国香都"区域公用品牌的可行性和必要性。

遵照国务院办公厅《关于发挥品牌引领作用 推动供需结构升级的意见》（国办发〔2016〕44号），中国中药协会参与推动国家品牌建设的相关行动，承担了原国家质检总局《中国品牌价值提升工程》项目子课题《中药及生物制药品牌价值提升研究》，2019年12月正式启动中药区域公用品牌建设行动，并制订《中国道地中药材区域公用品牌推荐管理办法》，为创建"南国香都"区域公用品牌项目研究提供了实践经验和政策研究依据。

第一章 "南国香都"区域公用品牌的项目背景及基本内涵

一、项目背景

品牌是企业乃至国家竞争力的综合体现，代表着供给结构和需求结构的升级方向。随着我国经济发展，居民收入快速增加，中等收入群体持续扩大，消费结构不断升级，消费者对产品和服务的消费提出更高要求，更加注重品质，讲究品牌消费，呈现出个性化、多样化、高端化、体验式消费特点。发挥品牌引领作用，推动供给结构和需求结构升级，是深入贯彻落实创新、协调、绿色、开放、共享发展理念的必然要求，是今后一段时期加快经济发展方式由外延扩张型向内涵集约型转变、由规模速度型向质量效率型转变的重要举措。发挥品牌引领作用,推动供给结构和需求结构升级,有利于激发创新创造活力,促进生产要素合理配置,提高全要素生产率,提升产品品质,实现价值链升级,增加有效供给,提高供给体系的质量和效率;有利于引领消费,创造新需求,树立自主品牌消费信心,挖掘消费潜力,更好发挥需求对经济增长的拉动作用,满足人们更高层次的物质文化需求,实现更加和谐、更加公平、更可持续的发展。

国务院办公厅《关于发挥品牌引领作用 推动供需结构升级的意见》(国办发〔2016〕44号)指出:发挥好政府、企业、社会作用,立足当前,着眼长远,持之以恒,攻坚克难,着力解决制约品牌发展和供需结构升级的突出问题。玉林市委市政府充分发挥好政府引导作用,高度重视品牌的引领作用,在2014年即着手打造南方药都的城市品牌。在此基础上,2020年酝酿并提出建设"中国香料之都"的设想,并在征求专家意见后,初步形成了"南国香都"区域公用品牌的主导思路。委托中国中药协会组织各方面专家着手进行"南国香都"区域公用品牌项目的实质性研究。政府的主导将给南国香都区域公用品牌建设提供最根本、最有力的组织保证。围绕玉林香料一产二产三产的全产业链、集合药食疗美旅最优质企业、集合政府各部门的协同职能,凝聚市场、企业、政府、社会各方面力量,在南国香都品牌赋能下,培育"名企、名品、名家",建立玉林城市品牌、行业品牌、企业品牌互动的品牌经济发展体系,为推动玉林香都新时代科学发展,加快建设现代化、国际化、生态化提供持续动力和新赋能。

二、基本内涵

区域公用品牌是指在一个具有特定环境、历史人文因素的区域内,由相关组织所有,由若干经营者共同使用的品牌。在一定地域范围、品牌品质管理、品牌使用许可、品牌行销与传播等方面具有共同诉求与行动,以联合提升区域内外消费者的评价,促进区域产品与区域形象共同发展。

"南国香都"品牌商标现已经由玉林市人民政府平台公司——玉林市交通旅游投资集团有限公司持有,由玉林市人民政府授权使用的区域公用品牌,包含玉林的历史文化传承,在传承中华文化的香药、香料、香疗,和在相关产品品质标准与品质保证的基础上,向现代药食疗美旅不同领域延伸使用的区域公用品牌,是玉林的一种识别标志、一种精神象征、一种价值理念。

"南国香都"区域公用品牌具有品牌价值的内涵效应与品牌价值的溢出效应,应打造为玉林的另一张金色名片。

第二章 "南国香都"区域公用品牌建设的必要性

一、有利于促进健康中国发展

习近平总书记在广西视察时,做出"让人民生活幸福是'国之大者'"的重要指示。自古以来,玉林就是我国乃至东盟地区八角、丁香、肉桂、香叶、辣椒、白胡椒、黑胡椒等香精料的主要种植地和集散地,素有"无药(南药)不过玉林,寻香必至玉州"的美誉,是名副其实的"中国南方药都"。因此,创建"南国香都"区域公用品牌,对于做大做强香料产业,进行品牌助力赋能,促进玉林药食疗美旅协同发展,助力玉林地方经济的高质量发展,提升人民生活品质意义重大。

香料"药食同源"的特性,在"治未病"、美食调味、健康美容等提高人民生活品质方面占据着不可或缺的地位。玉林素有中药王国的美誉,又是"广西中医之乡",是目前全国香料最多、最齐全的香料原材料产地和集散地,创建"南国香都"区域公用品牌,对深入贯彻落实习近平总书记对广西工作的一系列重要指示要求,深入实施健康中国战略,着力构建新发展格局,进一步做大做强我国香料产业,增进人民健康福祉,不断满足人民对美好生活的向往,扩大对外开放合作,弘扬中国传统文化,既具有重要战略意义,又具备现实需求。

二、有利于做强新兴优势产业

广西有中药资源4600多种,是我国重要药材产区之一。玉林是广西最大的中药材生产与加工基地,境内分布有1000多种中药材资源,中药材种植面积占全区的1/5,辐射国内外的著名"桂药",如八角、砂姜、肉桂等名贵药香同源中药主要产自玉林本地。以自有香料为基础,一代又一代的玉林人发挥敢于拼搏、善于创业的精神,以小作坊和经营户的形式,将全球、全国香料汇聚玉林,最终形成了年交易额超过300亿元的香料集散地,八角、肉桂、丁香等众多产品均具有"定价"中心的市场地位。因此,新时代着眼于产业振兴的战略布局,以"南国香都"区域公用品牌建设为牵引,推动香料产业高质量发展具有十分重要的现实意义。

三、有利于把握产业转移新机遇

世界的香精香料市场庞大,前景可观,但西方发达国家市场日趋饱和,世界香精香料产业正逐步向发展中国家市场转移。加快承接世界香料产业市场转移,迅速提升我国香料产业在世界的市场地位,迫切需要加强品牌建设,提升知名度,扩大影响力,释放更大发展活力,促进经济社会高质量发展。我国作为一个天然香料生产大国,抢抓世界香料产业转移的重要机遇和窗口期,抢占市场高地,对加快形成以国内大循环为主体、国内国际双循环相互促进的新发展格局很有必要。

芳香植物已经被广泛应用于医药行业、食品加工业和其他消费品生产中。我国是拥有芳香植物1000种以上,其中进行批量生产的天然香料品种已达120余种。占世界总产量80%的传统出口商品八角茴香油和占世界总产量90%的肉桂油,还有闻名世界的薄荷脑及薄荷油等都是我国著名的芳香产品。薰衣草、迷迭香等香薰精油市场有着巨大的增长潜力,且随着经济社会的快速发展,这个市场将会持续增长。

四、有利于承接"一带一路"的项目

近年来,广西紧紧围绕中央赋予的"三大定位"历史使命,抓住国家加大西部开放的有利机遇,"一带一路"的项目建设取得显著成效,进一步提升了开放型经济水平。玉林市加快实施"走出去"战略,打造向海经济、融入"一带一路"建设,对玉林未来经济与社会发展具有重大意义。一方面玉林有需求、有产业基础、有巨大潜力;另一方面玉林也在积极创造条件、改善环境、拓宽通道。东南亚是我国南药主要进口来源地,也是我国香料主要进口与出口市场,玉林可以抓住这个重大机遇,在充分发挥南方药都优势的基础上,全力打造"南国香都"金色新名片,以东盟为重点,拓展至"一带一路"有关国家,为"一带一路"建成和平之路、繁荣之路、开放之路、创新之路、文明之路做出玉林贡献、提供玉林经验。

五、有利于深化乡村振兴战略

乡村振兴战略是中国经济社会发展方式一次大的转变。加快"南国香都"区域公用品牌建设,促进以"药食疗美旅"为核心内容的一产二产三产融合发展,将有效推动玉林市的乡村振兴。特别是香料种植、香料贸易、产业发展、田园旅游等,其实施主体都完全有可能在乡村投资兴业并吸引农民就近就业,这将给玉林乡村振兴带来重大的品牌发展机遇。要采取有效措施,推动"南国香都"建设与巩固拓展脱贫攻坚成果与乡村振兴战略协同发展,以"香"领头,按照产业兴旺、生态宜居、乡风文明、治理有效、生活富裕的总要求,建立健全城乡融合发展体制机制和政策体系,加快推进农业农村现代化。聚焦"形、实、魂"推动乡村振兴开新局,奋力争当广西乡村振兴示范市和排头兵。

第三章 "南国香都"区域公用品牌建设的可行性

一、政府强力推动引领发展

玉林市政府高度重视品牌的引领作用，在2014年即着手打造南方药都的城市品牌。在此基础上，2020年酝酿并提出建设"南方香料之都"的设想，并在征求专家意见后，初步形成了"南国香都"区域公用品牌的主导思路。委托中国中药协会组织各方面专家着手进行"南国香都"区域公用品牌项目的实质性研究。政府的主导将给南国香都区域公用品牌建设提供最根本、最有力的组织保证。围绕玉林香料一产二产三产的全产业链、集合药食疗美旅最优质企业、集合政府各部门的协同职能，凝聚市场、企业、政府、社会各方面力量，在南国香都品牌赋能下，培育"名企、名品、名家"，建立玉林城市品牌、行业品牌、企业品牌互动的品牌经济发展体系，为推动玉林香都新时代科学发展，加快建设现代化、国际化、生态化提供持续动力和新赋能。

二、玉林的香文化源远流长

"香文化"作为我国传统文化的重要组成部分，几千年来经久不衰。传承好、发扬好、繁荣好"香文化"等传统文化，进一步增进文化认同，坚定文化自信具有十分重要的现实意义。在人类数千年的文明长河中，香料是最早跨越半个地球的商品之一。我国香料香精文化源远流长，"香文化"是独具特色的中华传统文化之一。数千年前的先民就已经采集树皮草根驱疫辟秽，后来逐渐将之应用于祭祀、清净身心、饮食调味、化妆美容、医药保健等领域，上自朝堂，下至市井，皆习香事。汉代时，丝绸之路开通，不少波斯、安息、大秦等西域各国的香料流入中原，产于我国的丁香、沉香、檀香、樟脑、麝香、茶叶等源源不断地外销。"海上丝绸之路"也是"海上香料之路"，其始发港合浦港早期与玉林同属合浦郡，玉林主要河道南流江发源于北流市大容山南侧，终点是合浦港。毫无疑问，玉林是我国早期具有香料进出口贸易的城市之一。自古以来，玉林就是我国乃至东盟地区八角、丁香、香叶、辣椒、白胡椒、黑胡椒等香精料的主要种植地和集散地，素有"无药（南药）不过玉林，寻香必至玉州"的美誉，是名副其实的中国南方药都和香都。玉林在当代成为全国乃至全球大型香料集散地、交易中心有其源远流长的历史文化基础。因此，创建"南国香都"区域公用品牌，对于做大做强香料产业，进行品牌助力赋能，促进玉林药食疗美旅协同发展，助力玉林地方经济的高质量发展，提升人民生活品质意义重大。

三、玉林产业发展基础扎实

玉林是香料种植核心区。广西是中国香料种植龙头，玉林是广西香料种植规模最大的区域。在广西香精香料产业布局的7大集群中，玉林占据超半壁江山，分别是以玉林、梧州、防城港为核心的八角、肉桂产业集群，以玉林、梧州、崇左为核心的松脂产业集群，以玉林、北海、崇左为核心的沉香产业集群，以玉林、南宁、柳州为核心的樟树产业集群，彰显了玉林在全国、广西香料产业的重要地位。玉林种植的香料主要有八角、肉桂、砂姜等20多个品种，建有八角、肉桂等农业示范基地70多个，"六万大山红八角"获中国商标局注册认证，并荣获2015年中国—东盟博览会林木产品展银奖，福绵区四季香海八角产业核心示范区获自治区级林业核心示范区（四星级）荣誉。截至2020年年底，玉林木本香料树种植面积约354万亩，其中八角约61万亩、肉桂约11万亩、沉香约8万亩、香樟约1万亩、松树约272万亩。目前，玉林八角产量约占广西一半以上，沉香种植面积广西最大。

玉林香料市场交易活跃。玉林是我国最大的香料集散地和定价中心，建设的玉林中药材专业市场是首批国家级中药材专业市场之一，是全国主要中药材市场之一，是广西唯一、西南地区最大的中药材集散中心。目前，玉林市城区中药材（香料）经营一般纳税人129户，小规模纳税人1055户，从业人员6000多人，经营中药材（香料）4000多种，进口香料产地主要涉及印尼等"一带一路"沿线国家和地区，年交易中药材（香料）达100万吨、交易金额约300亿元，其中八角、肉桂年交易额分别达到80亿元和60亿元规模水平。总投资40亿元的玉林国际香料交易中心暨福达农产品冷链物流园正加快推进，投入运营后可容纳2000多家商户同时进场交易，届时将成为玉林香料发展的新平台，成为中国—东盟最大的现代集约型全品类香料交易中心，在"一带一路"香料交易中占据新的战略高地。

玉林香料主要产品销售量统计表（2020年）

序号	种类	销售量/吨	序号	种类	销售量/吨	序号	种类	销售量/吨	合计/吨
1	八角	70000	7	香砂	2000	13	白蔻	3000	
2	胡椒	50000	8	干姜	3000	14	肉蔻	3000	
3	桂皮	30000	9	荜茇	1000	15	草蔻	2000	
4	孜然	13000	10	花椒	2000	16	丁香	3000	
5	陈皮	10000	11	草果	5000	17	香叶	2000	
6	当归	20000	12	砂姜	5000	18	砂仁	1500	
合计		193000	合计		18000	合计		14500	225500

四、会展经济品牌效应显著

从2009年开始，玉林联合中国中药协会等部门每年举办一次中国（玉林）中医药博览会，已成功举办了十二届。每届药博会均有来自国内外的商家组团参会参展，累计合同成交额200多亿元；累计签订投资合同项目100多个，合同总投资额300多亿元。药博会入选"2011年度全国政府主导型展会50强"称号；2013—2016年连续四年入选"中国十大优秀特色展会"；2012年、2013年连续两年被商务部列为"全国引导支持展会"，成为闻名国内外的中医药博览会品牌，是广西促进中医药（香料）产业国际国内交流与合作和深化"一带一路"开放合作的重要平台。

五、南方药都建设经验丰富

回顾玉林中医药商贸业的发展史，从路边摊到成行成市，再到建成市场，大量中药材进入玉林集散，吸引外地大批药商前来采购批发，"南方药都"促进了这美丽的蜕变，见证了玉林中医药产业的发展。2014年以来，经多年打造，玉林已经成为全国主要的中药材专业市场之一和全国最大的香料交易市场，药材和香料购销辐射全国、全球，远销日本、韩国、越南等东南亚各国。玉林紧紧围绕"以药立市、以药兴市、以药富民，建设中国南方药都"的战略部署，出台了《玉林市百亿元中医药产业发展规划》和《中国南方药都（玉林）产业发展规划》等文件，推动玉林中医药产业蓬勃发展。经多年建设，玉林银丰国际中药港成为全国最大的封闭式中药材交易市场，传承数百年玉林中医药发展的厚重历史，领航中医药现代化事业的持续创新突破，打开中药企业多年的盘整蓄积、待机勃发的潜势，迅速提升了玉林中医药的国内外影响力。南方药都的建设显然极大提高了玉林在全国中医药产业中的地位和影响，带动与促进了玉林医药产业和社会经济的发展。当然，南方药都的建设也存在一些问题，有一些不成功之处。无论成功或失败，都为"南国香都"的建设提供了很好的经验与借鉴。

六、玉林香料产业孕育新机

香料是21世纪"海上丝绸之路"上的重要商品，也是"一带一路"沿线国家和地区生活的必需品，需求十分旺盛，市场非常庞大，已成为"一带一路"沿线国家和地区文化交流、贸易往来和经济合作的重要桥梁。玉林作为全国香料品种最为齐全的原材料生产和集散地之一，香料种植面积全国领先，香料产业市场建设和经营规模在业内具有广泛影响力。在"寻香必至玉州"的产业基础上，玉林着眼于构建新发展格局，更加需要靠"香"吃"香"，发挥产业优势，区位优势，做好"侨"的文章，打好"东盟牌"，创建"南国香都"区域公用品牌，推动香料产业全面提质，深化与"一带一路"沿线国家和地区的贸易合作百尺竿头更进一步,力争在香料万亿元产业规模中占据重要地位。

第四章 "南国香都"区域公用品牌建设的目标及主要内容

一、实施品牌基础建设工程

推进高质量发展,重点推进标准建设,推动大数据、云计算、物联网等新一代信息技术产业科研与标准化品牌建设同步发展。实施企业产品与服务标准自我声明公开和监督制度,鼓励企业制定高于国家标准或者行业标准的企业标准,推动优势特色技术标准成为全国团体标准或广西、玉林的区市地方标准。鼓励和引导企业实施精细化质量管理,增强质量品牌意识。加快检验检测认证机构整合,建设以市级检测机构为主体,社会机构与企业自检为延伸补充的检测技术网络,推动建设质量技术基础"一站式"服务点,探索计量标准—认证认可—检验检测链条化技术解决方案,为南国香都品牌建设提供质量技术保障。

二、大力推进品牌建设提升品牌价值

坚持把品牌建设放在突出位置,立足于全国最大香料集散中心,推进香料名优品牌建设,健全完善道地中药材(香料)生产技术规范和质量控制标准。以高标准做大做强八角、沉香、橘红、松脂、肉桂等品牌为突破口,支持企业研发产品,注册商品,全力申请国家地理标志,加大对名牌产品的申报和宣传力度,建设"南国香都"。最大限度释放香料文化效应,成立香料产业发展智库,规划建设香料博物馆,发展特色旅游,举办专业论坛,进一步做大唱响"中国香都",提升品牌知名度,扩大品牌影响力,实现品牌效应持续性,把品牌效应、文化效应转化为发展优势、经济优势,更好赋能玉林经济社会高质量发展。

三、扩大一产规模化集约化发展水平

坚持市场导向，积极构建以国内大循环为主体、国内国际双循环相互促进的新发展格局，按照中药材GAP标准高起点、高水平规划建设一批香料种植基地，扩大种植规模、提升种植质量、保障香料安全，推进香料产业种植规模化集约化，力争到2025年种植八角、沉香、肉桂、松脂、樟树等玉林道地香料总面积达到400万亩以上，产量达150万吨以上，产值100亿元以上。

四、大力提升香料产业融合发展水平

香料是玉林最大的优势和特色，在塑造香料产业"形"的基础上，着力在充盈香料产业之"实"、筑牢香料产业之"魂"上下功夫，大力发展香料深加工企业，加强香料在食品、日用、制药、烟业等各个行业的开发应用，拉升产业链，增加附加值。以玉林中医药健康产业园、轻工业产业园和香料小微产业园为平台，采取政府、企业、科研单位联动的方式，强化政府搭台、企业唱戏、科技支撑，引进发展一批配套企业，强化对已进驻的医药企业的引导和服务，发挥龙头企业的引领作用，培育和扶持香料精深加工产业，推动香料产业转型升级、全面提质，打造面向国内、辐射东盟的香料产业集群，着力提升香料产业"含金量"，力争到2025年香料产业精深加工产值达到150亿元，产业市场竞争力显著增强。

五、推动交易市场智慧化专业化转型

加快玉林国际香料交易中心建设，升级改造玉林银丰国际中药港，通过"互联网+云计算+大数据"等数字化技术，推进香料电子交易、香料第三方检测和全程追溯"三网合一"，打造线上线下相结合、覆盖全产业链的中药材智慧化专业化的全天候公共服务平台，争取把玉林建设成国内和中国—东盟最大的现代集约型全品类香料交易中心。力争到2025年香料产业贸易额（含进出口贸易）达到150亿元，产业市场影响力进一步扩大。

第五章 "南国香都"区域公用品牌建设的效益分析

一、经济效益

品牌就是生产力、竞争力、软实力。创建"南国香都"区域公用品牌将有效促进香料产业的组织化、规范化、商品化，搭建起从田间地头到终端消费市场的桥梁，推动香料产品提质增效，香料产业从业者增产增收，产业发展提档升级。

一是将有效促进香料产业的组织化程度。 创建"南国香都"区域公用品牌，将有效把分散的经营力量集中起来，提高经营的精细化程度，提升产业的技术化水平。通过品牌塑造，确立香料产业的支柱性主导地位，极大程度发挥香料合作化组织和香料产业化龙头企业作用，把以八角、沉香、肉桂等为代表的道地知名香料整合起来，引领一家一户的农民、个体经营户进入产业化进程，共同"抱团"闯市场，既有效节约生产成本，又为开拓市场储备雄厚物质基础。

二是将有效规范香料生产者的生产行为。 创建"南国香都"区域公用品牌，将推动制定香料产业的品牌标准，以严格的品牌标准规范区域生产者的行为，倒逼其在高标准的要求下将绿色、高效、安全生产贯穿始终，有效规避产品良莠不齐的问题，有力提升香料产品产量和质量，推动香料产品更好地走出去。

三是将有效提高香料市场的竞争力。 当前，玉林香料产业整体规模虽然很大，但以集散、中转、粗加工、原材料交易为主，附加值不高。创建"南国香都"区域公用品牌，将推动更多经营主体创建品牌的积极性，依托品牌效应，推进香料的深加工进程，加快在日用、轻工、医疗、美容、康养等领域的产品研发，延伸产业链，增加附加值，提高玉林香料产品和产业的市场地位，促进香料产业向高端化发展，提升产品竞争力。

"南国香都"区域公用品牌创成后，预计到2025年，玉林香料产业规模增加到500亿元，餐饮、旅游、化妆品、医药等行业将分享更多的品牌溢价效益。

二、社会效益

品牌点亮高质量发展之路。创建"南国香都"区域公用品牌在引领香料产业高质量发展的同时，必将带动相关行业整体发展，促进社会文明进步。

一是将推动中华优秀传统文化广泛传播。 "香文化"是中国传统文化的重要组成部分，并通过"海上丝绸之路"得到广泛传播。创建"南国香都"区域公用品牌，以香料为媒，深化同"一带一路"沿线国家和地区的贸易往来、开放合作，必将推动中华优秀传统文化广泛传播，让世界上更多的人了解中国、认识中国，由此进一步扩大中国的影响力，提升中国的国际地位。

二是将推动品牌发展形成共识。 玉林市将以"南国香都"区域公用品牌建设为契机，制定下发《玉林市"南国香都"区域公用品牌建设实施意见》，推动市级、县级不同区域的"桂"字头、"玉"字头等精品特色香料产品及其他农产品区域公用品牌的建设，一批生产规模大、带动能力强、有影响力的绿色产品、有机香料产品、农产品生产企业的知名度和竞争力将明显上升，推动香料产业高质量发展。

三是将助力乡村振兴战略实施。 创建"南国香都"区域公用品牌传承了玉林历史悠久、底蕴深厚的农耕文化、贸易文化，与乡村振兴和新时代的新农村建设相辅相成，品牌创建预计将为农民创造多个就业岗位，解决20000人就业问题，品牌矩阵将让农民和广大经营户分享更多溢价收益，享受更多发展成果，推动富民增收，为巩固拓展脱贫攻坚成果和乡村振兴有效衔接发挥重要作用。

三、生态效益

绿水青山就是金山银山。玉林是林业大市和农业大市，创建"南国香都"区域公用品牌，将极大推动八角、肉桂、沉香、松脂等道地香料的规模化、标准化种植，打造香料产业集聚区和特色品牌培育示范区，推进香料种植资源共享、循环相生、协调发展，全面提高产出率。加强"南国香都"区域公用品牌标准的宣传和贯彻，推动种植面积达到400万亩，林地覆盖率增加到70%，将大力推动玉林香料产业的发展。

第六章 "南国香都"区域公用品牌建设的重点规划项目

一、编制香料产业发展全景图

按照大健康、大城市、大旅游、大养生、大休闲的指导思想，把香料产业作为玉林发展的首位特色产业，注重将"南方药都""南国香都"品牌元素融入城市规划建设中，在道路和街道命名中充分体现。瞄准千亿元产业发展目标，坚持系统思维，推进香料一、二、三产业融合发展，全链条规划编制从香料种子种植培育、种植、采收与粗加工、专业市场建设与香料批发、仓储物流、精深加工、大宗交易、外贸到消费者的香料产业发展全景图，制定香料产业发展专项规划，明确"时间表""路线图"，推动香料产业高质量发展。

二、建设交易市场

突出信息化、智能化、专业化，对标国内领先、世界一流市场，高标准建设香料交易市场，高水平做好"硬件"和"软件"两篇文章。以玉林国际香料交易中心和玉林银丰国际中药港为平台，推进"互联网+"建设，构建具有全国性规模效应的具有信息查询、期货贸易、在线交易、电子认证等功能的香料信息系统，加快实现香料电子交易、香料第三方检测和全程追溯"三网合一"。着力加强专业人才队伍建设，深化与高校的合作，开展定向培养、定期培训、行业规范等合作共建，提升香料行业管理和服务水平，着力改善投资软环境。

三、建设中药材（香料）综合保税区

加快申报建设玉林中药材（香料）综合保税区，建设香料大型现代化仓储物流基地，实现中药材（香料）贸易的圈区规范管理，建立源头可溯、过程可控、流向可追的闭环监管体系，有效解决溯源、仓储、物流、冷链、检测、加工等问题。申报中药材（香料）进口口岸城市，推进进口中药材"口岸直提、属地施检"模式，有效解决报关、通关问题，减少物流成本，提升贸易效率。

四、建设香料检验检测中心

采取政府、药企、高校、科研院所和民营企业合作的方式，加快建设具有国家CNAS认证的中药材质量检测中心和中药材质量溯源中心，成立香料行业第三方专业检测机构，建立香料第三方检测中心，研究制定有关香料的价格、质量、检测等行业标准，打造影响全国甚至世界的香料产业"玉林标准""玉林价格"，提升香料产业的玉林"话语权"。

五、建设香料博物馆

充分挖掘玉林的香料历史文化，规划建设香料博物馆，通过先进的传播方式，多方面多维度全景式展现种植、提取、应用等香料的特色与文化，帮助人们更好了解香料发展历史，认识香料发展前景，使人们通过博物馆走近玉林、了解玉林、认识玉林、宣传玉林、发展玉林，把博物馆打造成为推介玉林文化的一张响亮名片。

六、建设香料康养中心

秉持"三生"（生产、生活、生态）、"三产"（农业、健康产业、服

务业）有机结合与关联共生理念，整合提升中药、针灸、推拿、拔罐、熏香、旅游等中医药（香料）资源，规划建设香料康养中心，集香料集散、运动康复、文化展示、多维度体验、康养民宿、旅游观光与休闲度假于一体，建成特色农业、文化旅游、中医药健康体验、运动康复等复合功能叠加的康养示范基地。

七、建设香料文化美食一条街

把玉林的历史文化、饮食文化、香料文化、乡土文化等特色元素充分挖掘与融合，结合玉林独特的风情风貌，保留具有城市特色的独特老味道，规划建设香料文化美食一条街，让市民和游客能随时品尝玉林美食，把香料文化美食一条街建设成为玉林人寻找玉林记忆之地，成为玉林对外展示香料文化的城市名片，成为新的网红打卡地。

八、建设香料种苗产业基地

率先抓好香料种苗"源头工程"，利用中国农业公园——五彩田园、中国南药园独特优势，建设香料种苗繁育基地，开展香料种苗培育技术研究、成果转化、产业示范推广，推动香料种苗繁育标准化、规模化、市场化，构建以八角、沉香、肉桂、橘红、松脂等为主，其他香料种苗为辅的香料良种繁育体系，为全面推进香料种植提供良种种苗保障。

九、建设优势香料产业基地

加快新型经营主体培育，积极引导土地流转，大力支持龙头企业。专业合作社、专业大户集中连片建设以八角、沉香、肉桂等为主的优势香料产业基地，带动农民积极参与产业建设，扩大优势香料产业种植、加工、贸易规模。

十、举办香料发展论坛

定期举办香料发展论坛,搭建产业发展交流平台,汇聚学术智慧,激发市场主体活力,弘扬企业家精神,引领香料产业技术进步和创新,赋能香料产业向高端化、规模化发展。

十一、举办香料展览会

积极申请在中国—东盟博览会增设香料展览会,并把玉林作为主展地,快速提升玉林香料产业立足国内、辐射东盟、面向世界的影响力。

十二、开通旅游体验专线

以香料为载体,发展以种植体验、采摘体验、加工体验、购物体验、美食体验、养身体验等吃、住、行、游、购、娱为一体的特色旅游,设立以"香文化"为特色的旅游体验专线,让记得住"香愁"留得住"香情"成为一种时尚、一种追求、一种向往。

十三、成立品牌建设与管理专家委员会

深化与国内高校、行业企业和研究院等合作,整合领域专家资源,成立香料产业发展与南国香都品牌建设与管理专家委员会,组建智库团队,开展多层次专业技术培训和咨询,提升香料产、学、研水平。

附录2：玉林市"南国香都"公用品牌管理暂行办法

玉林市交通旅游投资集团

（本办法于2022年3月通过专家评审并试运行，推进了首批使用授权）

第一章 总则

第一条 "南国香都"商标（含文字商标及图形商标，下同）是经国家知识产权局商标局核准注册的普通商标，经玉林市人民政府授权，"南国香都"商标作为玉林市中药材及香料的公用品牌，品牌所有权属为玉林交通旅游投资集团有限公司（以下简称玉林交旅集团）。

第二条 为有效保护"南国香都"公用品牌（以下称"南国香都"品牌），规范对"南国香都"品牌的使用和管理，确保"南国香都"品牌产品的品质与特色，提高该品牌信誉，维护"南国香都"商标所有权人和授权人合法权益，促进玉林市中药材及香料产业绿色高质量发展，根据《中华人民共和国商标法》《商标法实施条例》《中华人民共和国食品安全法》《中华人民共和国农产品质量安全法》《中华人民共和国产品质量法》等相关规定，制定本办法。

第三条 "南国香都"品牌的保护遵循政府引导、市场驱动、企业主体的原则，实行动态管理，以确保"南国香都"品牌的代表性。

第四条 "南国香都"品牌的许可使用、宣传推广、市场监管和产品的生产销售以及与"南国香都"品牌相关联的行为适用于本办法。

第二章 组织机构

第五条 在玉林市人民政府及市中医药（香料）产业组领导下，玉林交旅集团成立"南国香都"品牌管理办公室。"南国香都"品牌管理办公室全权负责"南国香都"品牌的运营管理，主要包括以下工作：

（一）负责宣传、贯彻落实"南国香都"品牌的相关法律法规及政策；

（二）负责"南国香都"品牌的市场推广和日常运营；

（三）受理企业等市场主体使用"南国香都"品牌的准入申请，并按相关程序审查批准；

（四）负责监督管理"南国香都"品牌标识的印制、发放和使用，并向上级主管部门报告相关使用情况；

（五）负责"南国香都"品牌的保护和日常监督管理工作，制定"南国香都"品牌保护技术文件，协调解决"南国香都"品牌管理工作中出现的问题；

（六）涉及"南国香都"品牌的其他事宜。

第六条 协助市人民政府有关部门开展"南国香都"品牌社会性、公益性宣传活动。

第三章 准入

第七条 "南国香都"品牌实行许可制度，未经批准不得使用。

第八条 申报使用公用品牌的生产、加工、经营性企业必须符合以下条件：

（一）必须是依法登记，且注册地、中药材（香料）产品生产或经营均在玉林市境内；

（二）中药材（香料）产品必须严格按照法定的正规技术操作规程执行，进行标准化生产，严禁使用禁限用农药和违禁化学品、激素、添加剂；

（三）近3年内，在国家企业信用信息公示系统中无行政处罚信息、未列入"经营异常企业名录"、未列入"严重违法失信企业名单"、未发生生态环境事故；

（四）纳入"南国香都"品牌品质管理体系，达到"一品一码"产品质量追溯要求，符合"南国香都"品牌质量标准；

（五）符合下列条件之一：

1. 市级以上农业/林业产业化龙头企业；

2. 省级以上农民专业合作社示范社；

3. 被授权使用地理标志的主体；

4. 具备生产经营资质的市级以上（含市级，下同）非遗项目的保护单位，其法人代表为市级以上非物质文化遗产传承人，或产品由市级以上非物质文化遗产传承人制作；

5. 极具地方特色产品的生产主体。

（六）符合《南国香都公用品牌准入和管理规范》相关规定。

第九条 申报使用公用品牌的村、镇政府必须符合以下条件之一：

（一）申请产业重镇，须达到下列条件之一：

1. 香料第一产业规模1亿元以上；

2. 香料第二产业规模2000万元以上；

3. 香料产业种植面积10000亩以上；

4. 香料成为乡镇发展主导产业。

（二）申请特色产业村，须达到下列条件之一：

1. 香料产业规模达1000万元以上；

2. 香料产业种植面积2000亩以上；

3. 香料成为村集体发展主导产业。

第十条 授权使用"南国香都"商标按以下程序办理：

（一）申请授权使用"南国香都"商标的生产主体或经营型主体向"南国香都"品牌管理办公室申请，并提交相关材料；

（二）"南国香都"品牌管理办公室组织实地调查，审查申报材料，在30个工作日内完成申请主体的审核工作；

（三）"南国香都"品牌管理办公室在《玉林日报》向社会公示拟授权使用"南国香都"商标的生产主体或经营型主体，公示期5个工作日；

（四）公示期满后10个工作日内，"南国香都"品牌管理办公室与申请授权使用"南国香都"商标的生产主体或经营型主体签订《"南国香都"商标使用授权合同》，明确双方的权利和义务，同时由"南国香都"品牌管理办公室向授权使用"南国香都"商标的生产主体颁发《"南国香都"商标授权使用书》，授权使用期限为3年；

（五）"南国香都"品牌管理办公室在《授权使用"南国香都"商标合

同》签订后30日内，将合同副本递交所在县（市、区）市场监督管理部门存查，并将其商标使用许可报国家知识产权局商标局备案。

第十一条 "南国香都"品牌管理办公室对"南国香都"品牌产品生产主体和授权使用"南国香都"商标的主体实行动态管理，每3年重新审核一次，有效期满且愿意继续作为"南国香都"品牌产品生产主体或授权使用"南国香都"商标的主体，应在期满前30日内提出延续申请，经审查符合标准后，履行相关手续允许延续，延续期为3年；有效期满未提出延续申请或申请未通过的，取消"南国香都"品牌产品生产主体或使用"南国香都"商标资格。

第四章 权利和义务

第十二条 "南国香都"品牌产品生产主体享有以下权利：

（一）作为"南国香都"品牌产品的供应商；

（二）使用"南国香都"文字和商标开展宣传、展销、展示；

（三）产品说明书中使用"南国香都"品牌；

（四）参加与"南国香都"品牌相关的技术培训、贸易洽谈等活动；

（五）优先享有产品溯源管理、产权交易、金融支持等服务。

第十三条 "南国香都"品牌产品生产主体应当履行以下义务：

（一）规范使用"南国香都"品牌产品包装，包装应报"南国香都"品牌管理办公室审核同意；

（二）积极参与"南国香都"品牌宣传推广活动。

第十四条 授权使用"南国香都"商标的生产主体和非物质文化遗产企业享有的权利：

（一）享有"南国香都"品牌产品生产主体所有权利；

（二）在授权的范围内使用"南国香都"商标，企业自有商标可与"南国香都"商标一同使用；

（三）在广告宣传、产品说明书及各种活动中使用"南国香都"商标；

（四）享受政府出台的扶持"南国香都"品牌发展的优惠政策。

第十五条 授权使用"南国香都"商标的生产主体和非物质文化遗产企业应当履行以下义务：

（一）授权产品应当符合"南国香都"品牌质量标准；

（二）主动维护"南国香都"品牌信誉，接受"南国香都"品牌管理办公室和有关行政部门及机构对产品质量、商标使用和服务情况的监督管理；

（三）积极参与"南国香都"品牌宣传推广活动；

（四）配合"南国香都"品牌产品营销，协力做强"南国香都"品牌；

（五）只能在其授权产品及其包装上使用"南国香都"商标，"南国香都"商标使用权不得对外转让、出售、转借、赠予；

（六）须依法规范使用"南国香都"商标。

第十六条 授权使用"南国香都"商标的经营型主体享有的权利：

（一）在授权的范围内使用"南国香都"商标；

（二）享受政府出台的扶持"南国香都"品牌发展的优惠政策；

（三）参加与"南国香都"品牌相关的技术培训、贸易洽谈等活动。

第十七条 授权使用"南国香都"商标的经营型主体应当履行以下义务：

（一）按照"南国香都"品牌形象要求进行合理装修，维护品牌良好形象；

（二）积极参与"南国香都"品牌宣传推广活动；

（三）配合"南国香都"品牌产品营销，接受适销产品在店销售；

（四）严格按照授权范围使用"南国香都"商标，"南国香都"商标使用权不得对外转让、出售、转借、赠予；

（五）严格按照注册商标的文字、图案设计使用"南国香都"商标，不得自行改变"南国香都"商标的文字、图案及其组合和比例；"南国香都"商标和企业自有商标共同使用时，"南国香都"商标不得小于企业自有商标；

（六）积极配合相关部门对产品质量的检测，以及对"南国香都"商标使用和服务情况的监督管理。

第五章　监督管理

第十八条　"南国香都"品牌管理办公室是"南国香都"品牌的运营管理机构，具体实施下列工作：

（一）与"南国香都"品牌产品生产主体和授权使用"南国香都"商标的主体签订合同，开展市场推广和销售业务；

（二）对使用"南国香都"商标标识的产品包装进行统一核准；

（三）对违规使用"南国香都"商标的行为进行调查，报请有关部门查处。

第十九条　"南国香都"品牌管理办公室建立举报长效机制，接受社会各界对"南国香都"品牌运营、监管工作中违法违纪行为的监督、举报。

第六章　退出

第二十条　授权使用"南国香都"商标的主体有下列情形之一的，取消其资格，收回《"南国香都"商标授权使用书》：

（一）生产型主体：

1. 注册地变更为玉林辖区外的；

2. 未按约定的原料或工艺进行生产的；

3. 使用"南国香都"商标的产品，经抽检，重要指标不符合"南国香都"品牌质量标准的，暂停"南国香都"商标使用资格，责成限期整改，6个月后，抽样检验合格的，恢复其使用资格；一般性指标不合格，暂停"南国香都"商标使用资格，责成限期整改，3个月后，抽样检验合格的，恢复其使用资格；一年内同一产品经检验，2次重要指标或3次一般性指标不符合"南国香都"品牌质量标准及相关要求的，取消"南国香都"商标使用资格；

4. 不接受"南国香都"品牌管理办公室和有关部门及机构产品监督管理的；

5. 不配合"南国香都"品牌管理办公室开展品牌宣传、品牌营销、渠道销售等品牌建设工作的；

6. 未经许可擅自转让、出售、转借、赠予"南国香都"商标标识的；

7. 对"南国香都"品牌造成不良影响的其他情形。

（二）经营型主体：

1. 违反《中华人民共和国消费者权益保护法》，被侵权投诉经查证属实，对"南国香都"品牌造成严重不良影响的；

2. 出现重大的产品质量事件且造成严重后果的；

3. 严重偷税漏税的；

4. 企业或法人代表在"南国香都"品牌产品的种植养殖、生产加工、经营中违法犯罪的；

5. 食品生产许可证、食品经营许可证等证照逾期的；

6. 未经许可，扩大使用范围，擅自转让、出售、转借、赠予"南国香都"商标标识的；

7. 不正当竞争，损害"南国香都"品牌信誉的；

8. 违反或未能履行商标使用许可合同或其他影响"南国香都"品牌权益的；

9. "南国香都"品牌管理办公室认定需要终止授权使用的其他情形。

（三）申请人主动提出退出"南国香都"品牌使用，须递交退出申请书，交还履约合同、"南国香都"品牌标牌标识等，交回所有印有"南国香都"品牌Logo的产品包装。

第二十一条 对包装使用不规范，被责成限期整改但拒不整改的，取消"南国香都"商标使用资格。

第二十二条 申请退出"南国香都"品牌产品生产主体或授权使用"南国香都"商标主体应提前1个月以书面形式报玉林交旅集团。

第二十三条 已退出"南国香都"品牌产品生产主体或授权使用"南国香都"商标主体，自退出之日起，不再享有"南国香都"品牌产品生产主体或授权使用"南国香都"商标主体权利。

第二十四条 被责令退出的主体1年后方可重新申请"南国香都"品牌产品生产主体或授权使用"南国香都"商标；因主观故意或恶意损害"南国香都"品牌信誉被责令退出的主体，永久不得重新申请使用"南国香都"商标。

第二十五条 对退出"南国香都"品牌的生产和服务主体,应及时向社会公示公告。

第七章 附则

第二十六条 本办法由"南国香都"品牌管理办公室负责解释。
第二十七条 本办法自发布之日起施行。

附件:"南国香都"公用品牌准入和管理规范

"南国香都"公用品牌准入和管理规范

前言

本标准按照GB/T 1.1—2009给出的要求编写。

本标准由玉林市提出并归口。

本标准起草单位：玉林交通旅游投资集团有限公司

本标准主要起草人：玉林市南药产业技术研究院

1. 范围

本标准规定了"南国香都"公用品牌的准入、管理等内容。本标准适用于"南国香都"公用品牌的准入和管理工作。

2. 术语和定义

下列术语和定义适用于本文件。

2.1

南国香都 NAN GUO XIAN GDU

代表优质、安全、绿色、健康、放心的中药材（香料）及衍生品的玉林公用品牌。

2.2 所有方

"南国香都"商标注册人——玉林交通旅游投资集团有限公司。

2.3 管理部门

"南国香都"公用品牌管理、监督、培育和发展的责任部门——"南国香都"品牌管理办公室。

2.4 使用方

经所有方授权，使用"南国香都"商标的组织或个人。

3. "南国香都"公用品牌

3.1 品牌标识

"南国香都"公用品牌标识应依法注册，在销售产品的包装上或者随同产品提供的说明性材料上,以印刷图形的形式进行标示。

3.2 品牌核心价值

3.2.1 特色引领

由企业打造个体品牌、政府打造公用品牌的"双品牌"模式,立足企业自有品牌优势,挖掘传统品牌资源潜力,培育区域特色品牌。

3.2.2 品质为本

依托玉林生态优势和产业集聚优势,聚焦产品质量提升,打造优质、安全、绿色、健康、放心的产品。

3.2.3 履责守信

坚守诚实守信,履行安全、环境、职业健康等社会责任。

4. 准入

4.1 认定模式

申请组织或个人可自愿选择以下两种认定模式中任意一种:

a)"运营方评价"模式,将申请的材料提交"南国香都"品牌管理办公室,评价通过后获得"南国香都"商标使用许可,必要时可向行业协会、主管部门等单位征求意见;

b)"免评价"模式,将有效证明材料提交"南国香都"品牌管理办公室备案登记后获得"南国香都"商标使用许可。

4.2 准入条件

4.2.1 基本条件

4.2.1.1 必须是依法登记,且注册地、中药材(香料)产品及原料产地均在玉林市境内;

4.2.1.2 中药材(香料)产品必须严格按照法定的正规技术操作规程,进行标准化生产,严禁使用禁限用农药和违禁化学品、激素、添加剂;

4.2.1.3 近3年内,在国家企业信用信息公示系统中无行政处罚信息、未列入"经营异常企业名录"、未列入"严重违法失信企业名单"、未发生生态环境事故;

4.2.1.4 提交《"南国香都"商标使用权申请表》(见附表A);

4.2.1.5 签署《"南国香都"商标使用承诺书》（见附表B）。

4.2.2 初级农产品类

4.2.2.1 "运营方评价"准入应达到以下条件：

a）拥有注册商标；

b）纳入政府部门农产品质量安全追溯管理系统；

c）建立采购管理制度，做好出入库记录和使用台账，包括生产投入品及原辅料等进货渠道、进货数量和使用去向等信息；

d）近一年监管部门的抽查中未发现质量安全问题。

4.2.2.2 "免评价"准入应达到下列条件：

a）具有独立法人资格，拥有注册商标并运营二年以上；

b）纳入政府部门农产品质量安全追溯管理系统；

c）近两年监管部门的抽查中未发现质量安全问题；

d）具备以下认证之一，且认证证书在有效期内：

- 通过无公害农产品认证；
- 通过有机农产品认证；
- 通过绿色食品认证；
- 通过中国森林食品认证；
- 执行行业标准或团体标准并通过认证。

4.2.3 食品加工类

4.2.3.1 "运营方评价"准入应达到下列条件：

a）拥有注册商标；

b）具有食品生产许可证或食品生产经营登记证；

c）近一年监管部门的抽查中未发现质量安全问题。

4.2.3.2 "免评价"准入应达到下列条件：

a）具有独立法人资格，拥有注册商标并运营二年以上；

b）具有食品生产许可证；

c）上一年度食品生产企业风险等级评价B级以上；

d）近两年监管部门的抽查中未发现质量安全问题。

4.2.4 日化产品类

4.2.4.1 "运营方评价"准入应达到下列条件：

a）拥有注册商标；

b）具有工业产品生产许可证等相关许可；

c）近一年监管部门的抽查中未发现质量安全问题。

4.2.4.2 "免评价"准入应达到下列条件：

a）具有独立法人资格，拥有注册商标并运营二年以上；

b）具有工业产品生产许可证；

c）上一年度工业生产企业风险等级评价B级以上；

d）近两年监管部门的抽查中未发现质量安全问题。

4.2.5 产业重镇类

4.2.5.1 申请产业重镇，须达到下列条件之一：

a）香料第一产业规模1亿元以上；

a）香料第二产业规模2000万元以上；

c）香料产业种植面积10000亩以上；

d）香料成为乡镇发展主导产业。

4.2.5.2 申请方将《"南国香都"商标使用权申请表》（见附表A）、签署的《"南国香都"商标使用承诺书》（见附表B）提交"南国香都"品牌管理办公室，评价通过后获得"南国香都"商标使用许可。

4.2.6 特色产业村类

4.2.6.1 申请特色产业村，须达到下列条件之一：

a）香料产业规模1000万元以上；

b）香料产业种植面积2000亩以上；

c）香料成为村集体发展主导产业。

4.2.6.2 申请方将《"南国香都"商标使用权申请表》（见附表A）、签署的《"南国香都"商标使用承诺书》（见附表B）提交"南国香都"品牌管理办公室，评价通过后获得"南国香都"商标使用许可。

5. 管理

5.1 申请

5.1.1 申请组织可自愿提出申请。

5.1.2 "南国香都"品牌管理办公室收到申请材料后，应在30个工作日内对申请组织完成评价工作。

5.1.3 所有方确定认定结果。对认定结果有异议的，申请方可自收到通知之日起10日内向所有方申诉。

5.2 使用

5.2.1 "南国香都"品牌管理办公室与通过评价的组织签订商标使用许可合同，合同应包括但不限于下列内容：

a）许可使用的商标及其注册证号；

b）许可使用的商品范围；

c）许可使用期限；

d）许可使用商标的标识提供方式；

e）所有方对使用方使用其注册商标的商品质量进行监督的条款；

f）在使用所有方的商标时标明使用方名称和商品产地的条款。

5.2.2 商标使用许可合同有效期为三年，到期需继续使用者，未出现违规行为的，应在期满前30日内提出延续申请（见附表C），延续合同有效期为三年。

5.2.3 使用方应按照商标的文字、图案设计使用，不得自行改变标识的文字、图案及其组合和比例。宜使用统一的包装版面。

5.2.4 印刷"南国香都"商标的规格不得小于自身产品商标规格，且排列在各县域的公用品牌商标及企业产品商标之前或之上。

5.3 监管

5.3.1 "南国香都"品牌管理办公室可委托通过国家资质认定的检验检测机构对"南国香都"产品质量进行抽样检验。

5.3.2 未经许可，擅自使用"南国香都"商标或使用相同、相近商标的，可提请政府相关部门依法查处。

5.4 退出

5.4.1 使用方主动放弃"南国香都"商标使用权，应向"南国香都"品牌管理办公室提交《"南国香都"商标使用权注销表》（见附表D），交还履约合同、"南国香都"品牌标牌标识等，交回所有印有"南国香都"品牌Logo的产品包装。

5.4.2 使用方有下列情形之一，所有方可取消其商标使用权：

5.4.2.1 生产型主体：

a）注册地变更为玉林辖区外的；

b）未按约定的原料或工艺进行生产的；

c）使用"南国香都"商标的产品，经抽检，重要指标不符合"南国香都"品牌质量标准的，暂停"南国香都"商标使用资格，责成限期整改，6个月后，抽样检验合格的，恢复其使用资格；一般性指标不合格，暂停"南国香都"商标使用资格，责成限期整改，3个月后，抽样检验合格的，恢复其使用资格；一年内同一产品经检验，2次重要指标或3次一般性指标不符合"南国香都"品牌质量标准及相关要求的，取消"南国香都"商标使用资格；

d）不接受"南国香都"品牌管理办公室和有关部门及机构产品监督管理的；

e）不配合"南国香都"品牌管理办公室开展品牌宣传、品牌营销、渠道销售等品牌建设工作的；

f）未经许可擅自转让、出售、转借、赠予"南国香都"商标标识的；

g）对"南国香都"品牌造成不良影响的其他情形。

5.4.2.2 经营型主体：

a）违反《中华人民共和国消费者权益保护法》，被侵权投诉经查证属实，对"南国香都"品牌造成严重不良影响的；

b）出现重大的产品质量事件且造成严重后果的；

c）严重偷税漏税的；

d）企业或法人代表在"南国香都"品牌产品的种植养殖、生产加工、经营中违法犯罪的；

e）食品生产许可证、食品经营许可证等证照逾期的；

f）未经许可，扩大使用范围，擅自转让、出售、转借、赠予"南国香都"商标标识的；

g）不正当竞争，损害"南国香都"品牌信誉的；

h）违反或未能履行商标使用许可合同或其他影响"南国香都"品牌权益的；

i）"南国香都"品牌管理办公室认定需要终止授权使用的其他情形。

表A "南国香都"商标使用权申请表

"南国香都"商标使用权申请表				
申请单位		产品种类	□初级农产品类 □食品加工类 □特色小吃类 □日用化工类	
法定代表人/联系人		联系方式		
认定模式	□"运营方评价"模式　　□"免评价"模式			
基本情况介绍	包括成立时间、经营业务、经营规模（包括可供产品和上市时间）、员工人数、设施设备等			
使用方意见	签名（盖章） 　　　年　　月　　日			
专家评审意见	年　　月　　日			
所有方（经营方）意见	签名（盖章） 　　　年　　月　　日			

表B "南国香都"商标使用承诺书

为共同维护"南国香都"商标的品牌形象，确保产品质量安全，保障人民群众的身体健康和生命安全，本单位作以下承诺。

一、自觉遵守《商标法》、《产品质量法》、《食品安全法》等法律法规，不从事一切违法活动。

二、"南国香都"商标仅限本单位使用。

三、严格按照《"南国香都"区域公用品牌准入和管理规范》的要求执行。

四、主动配合农业、市场监督管理、环保、水利、林业、出入境检验检疫等部门的指导和监督，自觉接受社会和消费者的监督，做到诚实守信、依法经营、守法经营。

五、本承诺书一式三份，申请单位留存一份，"南国香都"品牌管理办公室留存一份，所有方留存一份。

承诺人：（法定代表人或负责人签字）

单位：（盖章）

年　月　日

表C "南国香都"商标使用权延续申请表

	"南国香都"商标使用权延续申请表
企业名称		产品种类	
法定代表人/联系人		联系方式	
合同签订时间		合同编号	
延续原因说明			
使用方意见		签名（盖章） 　　　　　　　　　　年　月　日
专家评审意见		年　月　日
所有方（经营方）意见		签名（盖章） 　　　　　　　　　　年 月 日

表D "南国香都"商标使用权注销表

"南国香都"商标使用权注销表				
企业名称		产品种类		
法定代表人/联系人		联系方式		
合同签订时间		合同编号		
注销原因说明				
使用方意见		签名(盖章)　　　　　　　　年　月　日		
所有方(经营方)意见		签名(盖章)　　　　　　　　年　月　日		